成长比成绩更重要

余昧 著

一位母亲的高考陪读笔记

哈尔滨出版社
HARBIN PUBLISHING HOUSE

自序

一起长大

没有长不大的孩子，只有不成熟的父母。

我们传统的家庭观，以严父慈母的结构为理想。遵崇儒家观念，致力于培养"齐家、治国、平天下"的人才，以光耀门楣。传统中，父母永远是对的，如果父母错了，也要逆来顺受。传统家庭观，没有考虑孩子人格与思想的独立。

曾经我很执着，认为只要尽力，没有教育不成材的。而现在，经过十八年的沉浮，我却坚决相信，父母其实是跟孩子一起长大。

当父母的，有所谓深厚的社会知识、丰富的人生阅历，于是往往自视权威，指点江山、颐指气使。所有的起点，都源于自己重活一遍的需要。想过吗？我们生养的这个孩子，他聪明、善良，对这个世界有自己独特的感受。他，只是他自己。

只有把陈旧的识见清空，才能和他们一起成长。假以时日，他长成健全的成人，我们才可能是成熟的父母。

高中三年，女儿脱胎换骨。眼界和心识迅速打开，面对问题日渐沉着。我们开放式的探讨，可以将问题化解于无形。甚至还没成为问题时，答案已经了然于胸。我们在生活的琐碎里，共同梳理清晰的脉络，两个思想的碰撞和叠加，效果显著，不单是一加一的关系。

这时回首当年，她年少，我年轻。我终日乾乾，以肤浅的理想把世俗的教条奉为圭臬，一心扑在她身上，她成了我这条流水线上一个初试产品。这个产品不堪忍受，暴躁地对抗、顽愚地自保，在我看来却是油盐不进了。

一个共同的情感指归，我们以"家"来命名。那时的家，承载了太多"家"以外的含义，是她的枷锁，也是我的羁绊。当我把目光挪开，试着探究家外的世界，并进行一些阅读时，她才开始轻装上阵，对我减少了防备。当我用新的见识与她交流，语言和面目不再令人生厌，并慢慢赢得她的尊重，她喜欢上我这个新的老家长了。

她既不早慧，也不迟钝。我相信绝大多数孩子和她一样。

而她日渐成熟的性情，她更准确的表达，更诚恳坦率的态度，一直在影响着我。她活泛又简单的想法，往往为我拨开迷雾，让我不至于过早僵化与腐朽。

简言之，当她快速成长，我才深受恩惠，迅速成熟起来。

我是这样感激，陪读的岁月。

2015年6月余昧于黄山

目录

PART 01　陪孩子走过高中三年

陪读是怎样炼成的 | 002

陪读，想说爱你不容易 | 004

碎片似的"业余"生活 | 006

岁月无声 | 007

全世界都在陪读 | 009

不能像她们那样 | 011

拖沓地活着 | 013

逝者如斯 | 016

茶意人生 | 017

早　餐 | 019

美丽与遗憾 | 021

孩子大人 | 023

彼　岸 | 026

十字街头 | 029

最初的网络 | 032

名　校 | 034

夜　宵 | 037

生活的面目 | 038

又是一年高考季 | 040

江家小院 | 042

搬　家 | 048

菁菁校园 | 050

生日快乐 | 053

堪与古人游 | 055

读书那些事 | 057

这一株金钩梨 | 066

骨　折 | 069

同　学 | 071

明天你是否依然爱我 | 074

运动会 | 076

流量生活 | 078

水杉之冬 | 080

签　名 | 082

小心脚下 | 084

妈妈的厨艺 | 085

陪　伴 | 088

来一场中年阅读 | 090

停　电 | 092

芙　蓉 | 094

陪伴的方式 | 096

温馨提示 | 098

圣诞快乐 | 101

接力赛 | 103

面　条 | 105

成绩，不可承受之轻 | 107

明天是什么日子 | 109

离　开 | 111

变态狂 | 113

撞　衫 | 115

雾　霾 | 117

周　期 | 119

我不睡 | 120

说好的雪呢 | 122

侧　影 | 124

干脆面 | 126

五分钟 | 128

家长来兮 | 129

开　学 | 131

童子功 | 133

吃什么 | 135

焦　虑 | 137

白　雾 | 139

说说信仰 | 140

问政笋 | 143

我的湖山 | 145

课　题 | 147

清寂之美 | 148

传　统 | 150

斩尾龙回家 | 152

性　状 | 153

路该怎么走 | 157

篆　刻 | 160

麻　饼 | 162

晨　曲 | 165

客　人 | 167

天　性 | 170

写在世界读书日 | 174

那时年轻 | 178

小鸟的歌唱 | 182

唠　叨 | 184

搬来搬去 | 187

没大没小 | 189

石头馃 | 191

折　纸 | 194

过　客 | 196

残　疾 | 197

车祸与人祸 | 199

再坚持一下 | 202

从广场舞想到的 | 205

我会调整回来 | 208

好消息 | 209

班　服 | 211

人各有别 | 214

橙色五月 | 216

废　墟 | 218

都是好的 | 221

此时无声胜有声 | 223

妈，我走了 | 225

PART 02　后高考时代

一个人的深夜 | 230

高考，也就这样 | 231

该做什么 | 233

君子入庖厨 | 235

放榜时分 | 237

志愿（一）| 239

志愿（二）| 241

迟到的明信片 | 243

一世长安 | 244

归　来 | 246

千里大西北 | 248

镜　子 | 250

伙　伴 | 251

写在最后 | 253

PART 01

陪孩子走过高中三年

陪读是怎样炼成的

我因为天生愚钝，关于陪读，在女儿初中毕业前还完全没有想过，认为读书是孩子的事，父母只需提供条件，不让过多的欲望压迫她，使她能心无旁骛。实在不必前呼后拥去贴身服务。虽然他们永远是咱的孩子，但已人高马大。

天真的想法在择校时土崩瓦解。老牌名校条件有限，女儿不愿意去，还说住宿环境不佳。言下之意，配不上她的"千金"之躯。工薪家庭供出个"富二代"，真是让人哭笑不得。于是我义无反顾、一掷千金，租房子搞走读。

女儿自理能力强，表示不用我陪读。她在学校吃饭，回出租房睡觉，简单又高效。然而家人不同意，有经验的家长也不赞成，说什么生活需要照顾，安全需要保障……

高中陪读，是近年风行并愈演愈烈的新风尚。有人说陪读是计划生育的衍生品。孩子都是王子公主，离开父母就像鱼儿离开了水，情何以堪？对此我深深地怀疑。父母都经历了几十年风雨沉浮，有着太多的个人主义和世故圆滑，养成了太多顽劣的恶习。当初人家来到世上，是多么纯洁的一张白纸呀。我们搞了十多年的熏陶污染，直弄得孩子云山雾罩，心灵晦涩。如今人家好不容易能独自行走了，家长却哭着喊着撵上去，美其名曰"照顾和守护"，实际上是拿自己的陋习，去施行密不透风的穷追猛打和狂轰滥炸。

若父母都人格完美、勤勉上进，培养出来的孩子还需要陪读吗？

需要陪读！陪读前辈如是说。

为了高考，孩子在冲锋陷阵，父母不能隔岸观火啊，得和他们一起奋斗。团结就是力量，统一战线更能取胜。所以，为了孩子的前途和家庭的未来，书应该陪着读。

还有，高中三年是父母最后的盛宴。三年以后，天天厮守的天伦可就遥遥无期了。所以，为了不孤独和不后悔，也应该陪读，并且珍惜每一分、每一秒。

看来，家长把孩子扔给学校，任由她跌跌撞撞，就是铁石心肠、玩忽职守。将高考的重任交由她一人，也极其自私。孩子孤军奋战的背影，是慈爱的父母不忍目睹的。总之，不论出于"道义""责任"，还是"亲情"，不陪读是行不通的。再说咱又不是深山老农和贫病残障人士，身为父母怎能贪图安逸而置孩子于水火呢？老牛尚有舐犊之情，何况咱是高级文明的情感动物！

如是种种，终于将我绑架进陪读行列。当我颠三倒四、含混不清地把陪读理由说给女儿听时，我看到她一脸的迷茫。

仿佛，我的迷惑再次传染了她。

陪读，想说爱你不容易

都说父母是孩子的第一任老师。由于自己粗枝大叶和才疏学浅，从女儿呱呱坠地那天起，我就诚惶诚恐，患得患失，生怕荒废她上好的天资，影响她茁壮成长。重任难当，一直企望任期能早早结束。

如今我融入陪读大军，任期延长了，还多少有些不可抗拒的意味。我不禁更加忐忑，毕竟孩子的见识已不同往日，对大人的毛病和疏漏往往一目了然。为此，我近来没少受到她婉转的批评，信心日下。与其在她面前捉襟见肘，我不如急流勇退，让距离产生美。

然而，现实却让我贴身跟进。说实话，我是很怀疑的。

在我看来，高中寄宿制是不错的选择。一来父母可以不必陪护，有利于促进孩子自理；二来孩子早日过上集体生活，等于修了一门人际关系学。再者，我可以卸下重负，赶在不算太老的年纪为自己活一把。最不愿意承认的隐忧，是茁壮的她正奋力汲取养分，如果能一直保持清醒还好，假如学得晕头转向，把我的缺陷和恶习也照单全收，那可真是跟坏学坏了。

我必须保持警觉。

吾日三省吾身是不够的，需要战战兢兢、如履薄冰。比如，说话要注意措词和语气；行动不可太随性；嘘寒问暖要看清时机；在狭小空间共处，不能让她感到拥堵……

还有,既来之则安之。我得恰如其分地体现陪读的必要,给她一个安静洁净的环境,不让琐事骚扰她。尽最大可能满足她的不时之需,专心做她的听众而不要妄加评断……

我不能有半句怨言,还要适时平息她的怨言。出租房陈设简陋,必须收拾得井井有条。要记得煮好开水等她享用,随时清洗衣物,好让她心无旁骛一头扎进书堆……

陪读伊始,女儿鼓动我常回家看看,她会料理一切。我顺从着回了一趟家。第二天,房东太太连声夸赞,说小鬼挺能干的,一大早就起床洗衣服。我有些得意:这不是我多年调教的结果吗?然而那成为迄今为止唯一的一次洗衣。后来她见我坚持过来陪读,便不再洗了,即使在我手指受伤,几天不能碰水的情况下。

将近一个月了,我仍然是菜鸟级陪读。每晚和女儿同床而卧,我明白她更喜欢四仰八叉的自由睡姿,小心翼翼地睡不安稳。僵硬的床板也凑热闹,总是一身正气直逼腰背。于是在女儿均匀的呼吸里,我总是翻来覆去地"烙饼"。

此时的黑夜,就像三学年一样漫长。

碎片似的"业余"生活

陪读的考验之一,是远离网络和电视,远离原先的生活圈子。听说很多家长靠扎堆聊天或打牌消磨时光。木讷如我,是无法效仿的。打点行装的时候,顺手塞进一本书。

女儿上晚自习去了。剩下的琐碎事务并不多,我三下五除二就干完了。于是我沏杯好茶,坐下看书。一本近代名家的经典散文,行文风趣睿智又常现惊人之语,读起来饶有兴味又哲思深远,是我喜爱的类型。也许陌生环境对读书是一种考验。坐在毗邻老牌学府,文化气息极浓的古城一隅,在作者推心置腹的喃喃低语中,我心神游移起来。

不知哪根神经牵扯着,我心绪难宁,拿过手机看时间,还早。看书。又拿起手机,还早。反复了多次,终于醒悟——根本不敢深入看书!呜呼,我是陪读家长,怎么能像往日一般自我沉湎呢?必须牢记自己的使命,盯住时针的走速啊。

这强迫症似的动作,是忠于职守的表现吧?若叫女儿知道了,她是会感动还是嘲笑老妈的不专心呢?

深一脚浅一脚,我在文字的门槛上盘桓良久,三心二意不知所云,消耗生命又亵渎文学,罪莫大焉,不如回头是岸。把桌上的东西重新整理了一遍，又审视了一次房间，实在无事可做。摸着脑门在狭小的房间里踱步，着实不是享受。于是决定提前出门，采购水果和夜宵。因为工作的缘故，无法照顾女儿三餐，夜宵便是唯一能做的果腹之事。古城里不知有多少美食符合女儿的口味，多花些时间也很必要。

中和街上，多了一个左顾右盼的女人，带着一脸的茫然在寻寻觅觅……

岁月无声

古城对我的吸引，我想，在于她悠久的历史所吟唱的岁月之歌。

倘在十年以前，这不会引起我的共鸣。人到中年，走过许多路，迈过许多坎儿，岁月的积垢在不知不觉间沉淀。如今浮泛着的，只有朦胧的美感和些许遗憾了。这美感和遗憾，总会触动敏感的心。就像古城的一砖一瓦，牵扯着肌体深处最古老的神经；屋顶上绒绒的青苔，动摇了我几近荒芜的心思。我想此时的我，正在急剧老去。于是在古城的街道，常常是心有戚戚焉。

夜幕下的古城，更渲染了一种黯淡的情愫。

然而中和街的繁荣就像一道光亮，吸引人们蜂拥而至。青石板路面，马头墙鳞次栉比，商铺连绵，幡旗招展。古老的街市霓虹闪烁，灯红酒绿中，时空交错。也许孤单的人置身繁华，才感唐突和别扭，一个冷落的街角，我顺势拐进僻静的巷弄。

这便是仰慕已久的斗山街了。明清时期富足的先人聚居的地方。空寂的巷子，仍是徽商光耀门庭的佐证吗？所幸那些雕花窗棂和青砖门罩，在夜色的掩护下，没有暴露更多岁月的痕迹。只见两旁高墙耸峙，房屋规整又错落有致，是闹中取静的所在。几户人家敞着大门，透出昏黄的灯光和岁月的陈香。门槛上端坐的老人们，轻言家常或翘首以盼。有的寡然独坐着，任灯光拉长的背影投射到街面上。年轻人都外出谋营生或去娱乐了吗？想来始终坚守门户的，只有父祖长辈了。

有点恍惚，仿佛假以时日，倚门而望的便是我了。

巷子很深，路上没了行人，夜于是更黑了。也许我鲁莽的身影，早已撞碎了不少热切的目光，浇灭了多少期望呢。我究竟不是他们期待的人，想到这里，便没有勇气往纵深挺进了。

当孤单连成片，除了沉沦就只有逃离。

大街上繁华依旧。年幼的孩子满脸稚气地蹦跶，年轻的姑娘和小伙，意气风发的步伐迸射着活力。古老的店铺，满满的时尚品牌，流行音乐萦绕在城楼与石坊之间。古老而有生机，是古城最致命的魅力吧。

直到灯火阑珊，人们收拾脚步仓促离去，繁华在店铺的闩门声中徐徐落幕，才惊觉历史又将翻过一天。我能做的，是回到出租房，作别今天，静候明天的到来。

白天与黑夜、喧闹与孤单、繁荣与清静、古老与年轻，不断轮回交替着。在温情又残酷的时光中，古城一代又一代的人，包括风华正茂的学子和年华渐逝的家长，以这鲜明的姿态，融入无声的岁月之歌。

全世界都在陪读

加入陪读军团,等于开始了一段特殊的生活。

陪读伊始,我甚是诚惶诚恐,毕竟自己业务不熟重视不够。女儿不温不火的成绩也说明了这一点。于是,我遇着年纪较长或相仿的人,总想讨教一些家教经验,以期集百家之长,聊补一己之短。关于高中阶段的培养,更要虚心求教。

现实给人惊喜。没想到,有过陪读经验的竟不在少数。一块儿上班的同事,正在低调而勤勉地陪读的就有好几个。大家一谈起来,可以千言万语、海阔天空。仿佛陪读并不特殊,是生养孩子的必经之路,与幼儿园接送一般寻常。

我如此轻易地找到了庞大的"组织",非常庆幸。我想,我得像他们一样,谨记自己的责任,凡事以孩子为重。人情往来和工作应酬,必事先考虑陪读。耽误陪读的事儿,请人见谅,恕不奉陪。每每与熟人相遇或是聚会,无论多开心都要尽早结束。向人们解释时,难免提及陪读这神圣的使命。他人但凡听到陪读,便不再叨扰,末了还不忘道个辛苦,嘱咐上几句。那情形,像教育部给咱颁了绿色通行证似的。最让人温暖的,常常一拨人坐下来,都有几个陪读家长。这时我才发现,对于孩子的教育问题,成功或失败都不必深究。众口一词的是，陪读是做父母的倾心尽力，不让自己落下遗憾，谋事在人，成事在天。有同道的支持和勉励，我这陪读菜鸟的困惑和迷惘去了大半，取而代之的是满腔的热情。

陪读并不孤单，我要尽职尽责做好每一天。

东门头那家馄饨不错，那晚去了一趟。与以往不同，店里多了一个女人，手操遥控器在看电视，见到我便露出由衷的笑容。因为记性不好，我就当遇到了熟人，顺口说了句"看电视呀"，以表示我对她不曾"忘记"。

哪知这位接话能力特强："是啊，这个电视怎么没有中文国际台呢，这是怎么回事？"看来她不是店主之一。

"是吗，没搜索过这个台吧？你搜一下呗。"我边应声边打量她。中等偏小的个子，四十出头的光景，脸色黯淡，略有皱纹，衣着朴素，随意的马尾，一副居家散漫的味道。

搭腔没两句，她就说到了陪读。原来是陪读家长，对这条街非常熟悉，而我是生面孔。于是，乐呵呵的店主听到了资深家长教导菜鸟的全过程。从老师到学生，从学校到出租房、房东、租金、分数和高考，陪读所有的关键词一一亮相。

也许我的天真令人担心。她苦口婆心："对孩子一定要盯紧学业，一定要调理好营养。"古道热肠，她有太多的陪读绝学，我唯有虚心受教。

提着馄饨返回，顺势拐进一家水果店。为了不在价格上吃亏，看着整洁的店铺，我找到开场白："是新开的吧？看起来很干净。"

哪知女老板沉吟起来："嗯，算是新店吧，开了一年。孩子来上学才开的。"意外，学校边上的店主，也为陪读而来。

这条街上，忙碌或赶路的人群中，有多少是陪读家长呢？

从这天开始,我多了一个爱好,就是观察。每次走在街上,都打量身边的人群。遇着相熟的家长,自是高兴,熟人交谈亲切又坦率,还可以交换经验。路人甲乙也各具风骚。瞧那几个并肩的女同胞,操着宣城口音热烈地谈论,是跨地区来陪读的,话语间,孩子是她们的骄傲。水果店里家长相遇,谈论的话题也耳熟能详。服装店里,有妈妈比画着衣服的大小:"唉,小鬼在上晚自习,不能来试……"就连食品店里,也能清晰地辨出哪些是陪读家长,为孩子的夜宵和早餐而来。晚自习临近结束,学校大门外扎堆的家长,翘首迎接孩子。回到出租房,首先照面寒暄的也是陪读家长……

好一支陪读大军!

当你陪读的时候,你会发现,全世界都在陪读。

不能像她们那样

女儿拽住我求聊天。很纳闷,小妮子不好好吃饭干吗呢?"妈,我真是怕了。那天在后门吃面条,碰见几个外校女生……"

我忙问:"怎么了她们?"

"她们没怎么样我。是她们的神情让我难过。"好端端替人担忧?我来了好奇,请她继续说。

那些女孩的时髦装束引起了她的注意,且言谈举止间有着造作的炫耀、懵懂的浅薄。山寨的时尚做派，震惊了她。

"为什么要这样呢？爸妈让她们来读书，她们不把心思花在学习上，成天都在追求什么？"女儿说激动了，居然哽咽起来，"如果我不好好读书，会不会也变成那样？太可怕了。不能像她们那样！"

我松了一口气。这是一个有思想有要求的孩子，虽然激动得幼稚，却让我更加放心。而她对人群的关注，也让我甚为欣赏了。有了今天的感触，我想她会更庄重、更优秀。她会不断警告自己，不使自己流于肤浅与功利。

不忍她继续担心，我分析道："也许，她们是在模仿某些大人，或某些看起来有优越感的城市人，只是用了不恰当的方式。暂时还没揣摩到城市的精髓吧。"

"根本不需要去揣摩呀，做一个学生该做的、能做的，就足够了。"女儿仍然想不通。

"人生有一个阶段的茫然也属常见。也许有一天，她们会有你今天的意识，慢慢成熟起来。"不知为什么，我没有告诉她那些横生的"枝节"除了盲目追求时尚，更可能源于不自信，甚至是对外界的恐惧，这些需要武装。

我不太愿意在她面前，解构灰色层面。

"但愿吧。"女儿最后说道。

但愿。但愿那几个女孩能够在今后的某一天，幡然领悟什么才是真正的美。更但愿，见不贤而自省的女儿，能够把今天的敏锐一以贯之地保持下去。

拖沓地活着

早晨出门，行驶在那条貌似偏僻、车流量却颇大的道路上。在一道路坎的上端，拎着一颗心等待车轮徐徐落下仍旧体验不小的震动时，突感不悦——这条路修得太久了。去年陪读伊始它就在修，而我早就习以为常了不是吗？也许司空见惯才不会过多在意。虽然在顺畅平阔的道路上，也会感到幸福。

突然为自己的麻木感到悲哀。

这种不便利不通畅的路，还称得上"交通"路线吗？有没有人对此较真过呢？也许大家都像我一样，才使得施工方没有丝毫压力吧？

悲哀之余忍不住"意淫"了一下。如果业主加强督促，而我们勇于投诉，会怎么样呢？幸而咱别的经历不多，却与这类拖沓之事"生死与共"。

父亲前不久做了一次业主，雇了个石匠修祖坟。这是头等大事，父亲又是急性子，特地找个熟识的后生，巴望他鼎力而为。然而此兄接活时乖巧，做起事来却痼疾难愈。慢慢拖慢慢耗，急得老父无从下手。好话歹话说尽了，最后在清明前，还不得不几百里地赶去"督战"，否则绝对误了祭祖之大计。尽管过程异常曲折，终究完成了一项大业，父亲一边责备一边悉数奉上工程款。

我和父亲调侃，说当初的招标出现了漏洞，没有审核承建方的诚信与能力。父亲的回答却极具代表性："吃一辈子亏上一辈子当。要说做人咱也算开明，可一遇事儿，就掉进熟人好办事的泥坑。好歹事情办完了，咱就认了吧。"

说起来咱作为业主，督促不可谓不力，可事情一交出去就立马失控。那哥们早已练就了金刚不坏之身。

说起投诉，咱也有切肤之痛。话说高瞻远瞩的父亲，二十多年前把房子建在近郊的交通要道边。城镇化建设的历史机遇甫一来临，变化就远远超过了预期。房子升值的喜悦尚且朦胧，周遭翻天覆地的建设却让人坐立不安了。

父母喜静，房子选址村头，面朝丘陵，背山而建。远山近郭相映相契，交通要道近在眼前。怡然而居十多年，后山才被普遍看好。很快山顶被夷平，一条上山的大道临居而建。按说这通往新农村的宽阔道路是和谐发展的象征，然而却成了以邻为壑的现代版。它截断了宽敞的水沟，代之以细窄的暗渠。平日细泉清淙倒还过得去，可一夜大雨就洪水肆虐，更别说那雨季的绵绵不绝了。

大门外汪洋一片，我只好找村长投诉，期望借他的权威给施工队一些压力。此哥一口应承，答应限时解决。岂知却是赵大叔卖拐的艺术，拖沓的理由不一而足，里里外外左拉右押，扯不到正点上。我心里窝火，心想不如再往上一级告他们，或者借助媒体的昌明吧，却觉得与此等人公然较真是弱势群体的无奈之举，有失体面，而置身矛盾的中心又太耗体力。且人在矮檐下，不得罪也是防范的一种，好叫他日父母能少些为难多些安宁。左思右想，只好继续苦口婆心，晓之以理，然而老天却一直不开眼。

勇于投诉,真的要奋不顾身吗?朋友说,人家官官相护搭着权力的凉棚呢,再折腾,无非是换个级别的官儿来忽悠你,还算给你面子。认了吧,咱自个儿想办法还不成吗?

说到这里,"意淫"算是"寿终正寝"了。咱作为人情和权力的傀儡实在太久了,注定要疙疙瘩瘩又磕磕碰碰。办事小心谨慎却往往泥足深陷,遇到大事了,又总是隐忍,得过且过。有愿望不伸张,有想法不要求,日复一日拖沓地活着。

我们经历的拖沓只有这些吗?

好友两口子感情出了问题,解决的道路却天长地远。俩人患得患失磨磨蹭蹭的拉锯战是那么旷日持久,面对婆婆妈妈是那么无法交代,瞻前顾后优柔寡断是那么显著,使安宁和平静总在远处招手。

如果生存的那个组织拖沓成风,鉴于"木秀于林"的代价太大,我们只好做个顺民"同流合污"。此时的拖沓,不失为权宜之计和保全之策。假如健康出了问题,首先心怀侥幸拖一时是一时。前不久,一位熟识的哥们儿就在不经意间,把自己永远地消磨掉了,留给亲人永久的唏嘘痛心。

害怕面对又惰于行动,遇着难办的事儿自然是"拖它一拖",对不痛不痒或他人之事更是习惯性拖延。时日一久,堆积的事情多了,内心难免不踏实。淤积的问题大了,不知不觉织成一张网,罩得人喘不过气来。莫名的焦虑、忐忑与疲惫,仿佛是一种常态。

不知道您是否如此?或者,生而为人都是一样的?

对习惯的严重依赖和对未知的莫名恐惧,沉重地压迫着我们,使我们面对拖沓的陋习,不敢群起而灭绝之。与快意和幸福失之交臂,让压抑成为我们的终身伴侣。

应该感谢车轮的震颤，它震醒了昏睡中的神经，使我有了这一刻的警醒。

再想一想，我们有多少人生愿望，就这样不明不白地"死"在了拖沓里？

逝者如斯

还没缓过神，女儿已经站在跨学年的门槛上了。

高考小假结束那天，我们返校。刚到校门口，丫头兴奋地说："我发现一件诡异的事，这个学校没有高三了。哈哈，我要当学姐啦……"

的确，高三学生考完了准备离校，和爹妈忙着班师回朝。寄居的巷子有股异常的涌动。其实过不了多久，这场景就要旧地重演。那是新生的到来，有一大茬的好孩子，跃跃欲试，急着做人家的学弟学妹。

日子像水在波澜不惊下暗自流淌，一丁点的变化都成了快乐的浪花。山中无老虎，猴子称霸王，女儿是准学姐，而我是准资深家长。

那天与前辈闲谈，感叹逝者如斯的时候，被他们一番鄙薄："大家都说陪读第一年最难熬了，只有你说快，没搞错吧？"

也许我有更多私心，听了这话竟喜忧参半起来。

我高兴的是，时间过得快，意味着结束陪读指日可待。因其语意是接下来的日子会更快速，我能尽早与陪读的不便说拜拜，女儿能很快从高考的重压下解放出来。

忧虑的是，再次证实了时间的迅疾。有人迅速成长就有人快速老去。我当初被绑架进来陪读，多少有些不甘心、不屑为（年轻的迹象），几乎断定陪读必将毁人子弟。抱着走一步看一步的心态，还做好了及时收山的预案。没料到经历磨合，居然适应了短兵相接。女儿更是得寸进尺，充当起我的密友来。亲密的关系让人眷恋。时间流失得太快，等于没收掉我的福利。

相互包容与喜爱，陪伴就成了幸福的事。我们起居简单，除了睡眠和三餐，就是她上学我上班。她每晚在学校自习，留给我巨大的空间。我从书店淘来各类书，每晚送走女儿，就迫不及待打开书，驰骋于无垠，享受一份私密的安宁。

摒弃繁杂，没有多余的念想，简单快乐地日复一日，日子岂有不快之理？

如今的暑假生活，显然打乱了简单的秩序。幸而我在浑浑噩噩中蒙混了大半，很高兴又能进入珍贵的陪读状态。如果说，校园苦读是女儿成长的必经之路，那么陋室清修，将很快成为我怀想的一段美好时光。

毕竟，时间这个无情种，在不舍昼夜地奔跑。

茶意人生

前日，意外获赠一本关于茶的论著。这本书并不教人侍茶饮茶，而是探摸茶的文化底蕴，讲述以禅、道为渊源推演出的茶道精神，以及人们对茶的尊崇及情愫的演化。融会美学与艺术鉴赏，富含哲理与诗情。

说实话，关于茶的话题我并不陌生，因为终日与茶为伍。都说人离不开水，在我这里，就是离不开茶了。由于成天忙碌，手边那一杯茶早已沦为解渴提神的俗物。

适时获得这样一本书，我既欢喜又安慰。这样的馈赠，可以与大自然赐予人类的佳茗相媲美。

国庆前的周末，孩子未放假，一个人流连在家。安静闲适的氛围，适合煮水、沏茶和阅读。薄凉初透的秋日，阴天时有微雨，加深了秋的萧索和冷清。左手边那一壶暖暖的茶汤，珍贵如老友相伴。它就像一句轻轻的问询、一个关切的眼神，让人从容安适。而作者的娓娓道来，就像这清亮的茶水一样，沁人心脾，叫人心神安详。

与茶和文字相处，需要一些小小的要求。我检视了一下自己：穿了一件宽大麻质的本色线衫，柔软熨帖，波澜不惊；没有一件耀目的首饰，也未施脂粉。我放心了，茶这个朋友不需要任何雕琢和光芒，文字也一样。朴实无声，正是我们无须布排的交流方式。就这样，只身独处，静静地享受安宁。

几年前，我曾把自己的人生喻为一缸酱，揣摩如何酿造才能更熟更香。积极地思量着搅拌和倒腾，饱含年轻的率真。不承想，短短数年，经历了一些关于人生悲喜的老桥段，更曾为其中的剧情伤感纠缠，待到从中醒悟及脱身，深觉自己越发成为一壶茶了。清澈、笃定而淡泊。像茶一样，淡淡的清苦滋味，是为了呈现内心更完满的澄澈和通透，唯有安适地接受，安静地活出自己的风骨。

正如好茶无须美器，人生本来就不必拥有太多，不如淡漠得失，保持一颗初心，坐拥一份芬芳。还有什么能成为心路的羁绊和阻碍呢？

作者以茶为载体，颂扬了东方文化的内核，亦诠释了早先东方人骨子里淡泊静省的意绪、低调的执着和内敛的高贵。但他更加叹惜，现今中国人手中的那杯茶，依旧散发出花一般的香气，却"再也不见唐时的浪漫，或宋时的礼仪了"。

在我看来，他是在借茶警世。人性光华则茶道昌明，心神晦涩则禅意凋敝。充满物欲的现代人，又有多少能够与茶结友、和茶对谈呢？

如果你遇到一个眼神如山泉一样清澈、举止像茶仪一样安适、气息如茶汤一样芬芳、交会如茶饮一样怡神的人，请珍惜他！

早　餐

为了吃上热腾腾的早餐，近来起得比往常早。随着气温的下降，秋意越来越浓了。当闹钟叫醒我的时候，天也刚刚醒来，它正在翻身打哈欠。

趁着天蒙蒙亮，阒寂无声地出门。窄长的巷弄里空旷的薄凉气息，叫人不禁留念被窝的温暖和甜美。然而并无遗憾，恬淡的安宁和清爽的意绪，是生命需要的一种状态。

出去一些是主巷道了。我很快发现，自己冒失地闯进小狗的世界了。此时的它们是巷子的主人。纷扰的人们尚未起床，看家护院的工作相对轻松，正是与同伴你追我赶的欢乐时光。它们相互逗弄和嬉戏，活泼泼首尾相接的一群，若是散落在白天的人群中，你恐怕不仅很难领会其中的稚趣，反而会嫌恶地躲避呢。聪慧如它们，深知清晨之珍贵，欢快时并不发出任何声响。

也许所有的生命都一样，需要一个自由呼吸的时刻。

那些墙顶上漫攀的瓜果藤蔓，伸出的枝杈和阳台上的各类盆栽，看起来也有一种娴熟的安稳。一夜雾霭的氤氲，有微露轻轻地光顾，使得它们更加滋润和健壮了。清晨的微光中，各种色彩的花朵，黄绿相间的枝叶，都有了朦胧的显现。含蓄而不张扬，却能让人感知，那色泽其实是一天中最为娇艳和丰美的。

好吧，这也许超出了它们所要表达的含义。这种暗自的芬芳和含露待放的姿态是清晨独享的，并不需要人类特别的垂顾与宣扬。

通往大街的路上，已经有三三两两晨练的人。老年人居多。我有些感慨，近来喜欢早起，是否与年岁的增长有关？是否不久就要加入他们的行列？这清晨的静与美，是被窝族无缘品尝的一道新鲜的滋味。即便现在就加入，我也该欣然领受了。学校的操场在早晨是对居民开放的。他们穿着软底的便鞋，无声又律动地慢跑。影影绰绰的晨雾里，那些身影轻盈而有韵味。

我是要走到街上去买早点的，不禁为这些情景吸引，放慢脚步欣赏着、讶异着，然而很快又有新发现了。

近处的绿化带里，不知名的昆虫嗡嗡的叫声此起彼伏。是对唱情歌还是一场公演？饱含晨露的青草下面，显然隐藏着繁华的小世界，而且是级别不低的族类在那里聚集。它们一定有着各自的角色与天职。那一支乐队的水准非常专业，婉转动听又不惊扰草木以上的俗世。当然我除外，谁让我把心思延伸到草丛以下了呢。

天色将明未明的时刻是短暂的。白天寻常的一切，此时都是秘密花园的一部分。花草还没有披上光彩的外衣去表现妖娆和美丽；昆虫轻轻地在草木里喁喁对白；房屋和山峦还在安睡。大地和大地上的一切，这么寂静与沉稳。

相对于白天的争名夺利和黑夜的老谋深算，我想此刻的一切更趋向真实和内心，趋向大地的内心、万物的内心，以及晨起者的内心。

就这样，每天怀着无限期盼的心，行走在这条不长的路上。在所有的喧闹都未上演、声色角逐还没开始的小小罅隙里，沐浴着宝贵的纯净与安宁，朵颐着清晨独有的新鲜营养。

我的早餐，真是丰富极了。

美丽与遗憾

仲秋的早晨，清风微拂。阳光轻轻洒落在古城、道路、河流与山峦之上，使清冷的空气也变得柔软。阳光是老天亲切的脸庞，沐浴其中的人们经过清晨的忙碌，心气也随之高涨起来，精神抖擞地出发。新的一天又开始了。

驶上河西桥，迎面的山水风光不亚于任何一处风景名胜。然而，这种说法无疑是一种亵渎。它本身就是名胜，而且是人文名胜。

古老的河西桥，初建于宋明，重修于清。早前中心有亭，且有佛像、碑刻。近代为了通行方便，将亭子拆除了，把碑刻藏入太白楼。让我们只能凭借并不优胜的想象来凭吊当年的优雅和考究。飞檐翘角的太白楼，顾名思义，是为纪念寻访隐士的诗仙李太白而建。据说楼内收藏着不少历代碑刻、墨迹拓片和名人楹联呢。

阁楼所倚处，便是大名贯耳的新安碑园，备受历代书法家的推崇。对于我们这些普通居民而言，自然要怀着一份崇敬了。由于山体离桥头不远，又隔着太白楼，路口就更加狭窄了。每次路过，得把车速降到最低，无声地缓行对于这样的人文之地更为适宜吧。

因为季节的缘故，沿河的栾树花密密匝匝地开了，与山上逐渐呈现的斑斓五彩竞相召唤。这缤纷之色，让踏上河西桥的人为之动容。一直向着醉人的山色进发，是件多么舒畅的事！就连不远处，挖剩的半壁山体所暴露的杏黄，也掩护在斑斓中了。

这个让我耿耿于怀的半拉子工程，存在已经很久。拆除民居、开山剖土，颓圮之状使人不忍目睹。没有看懂是为了建设什么。其实不管建设什么，在这古色古香的僻幽狭小之地，人为的雕琢与破坏没多大区别。这大山的伤口，只有等岁月来医治了。

古塔倒影，密林寂静，秋意渐浓的景色让人心旷神怡。早在去年陪读伊始，我就窃喜能够每天光临这古意的老城，并煞有介事地出入，仿佛原住民。

这样的早晨只是无数清晨中的一个。

当新鲜劲过去，带着理性来观察，却总能在某些地方，感触到某些不安来。比如，这古迹之左的方寸之地，人们没有足够的胸怀和气度去保持山水原貌。又如，古老府衙破除多年后的重建，让古城风貌更加完整，却更像为了发展旅游经济。锃光瓦亮的建筑得到完善的管理本无可非议，以现代管理理念，是对经济资本的保护和经营。但对每天徜徉于老城新市、生活在诸多古老建筑之间的人们来说，这些新建的"老房子"，与日常生活保持着相当的距离，又有多少价值？对它们的精心呵护，看起来多少有点本末倒置。

一切都很美，也很正常，又隐隐透着遗憾。让我总担心，又会有什么新的举动来破坏古城浓郁的生活气息。

社会的步伐总是向前的。也许"古老"在新时代的伟力面前，表露出些许愧色而做出一点让步，是发展之路上无法估量又无法规避的现实？所谓扬弃、所谓历史的辉煌与沉疴、所谓逐新与怀旧，在物质时代，要用怎样的胆识去甄别？怎样的魄力去保护？怎样的智慧去结合？

孩子大人

那天与某前辈漫谈，提到与儿女相处的不易。

一些状况让他爆了脾气。"明显逆反，不服管了，"他无奈地叹息，"不能体会大人的苦心。"

是啊，中学的孩子，介于大人和小孩之间。心理和思想的经纬尚未交织完整，顶天立地的宏愿却已萌生。举手投足向大人的气度与范式靠拢，言语和姿态也力图体现理性和智慧。然而,他们又有孩童的天真和稚嫩,时常焦虑,心绪不稳,自我约束也不坚定。

风平浪静的日子,一切成长都很顺畅。

"假如小有成就,毫不掩饰的志得意满又让你担心,骄傲的尾巴会翘上天。我还不能言语。"他无奈地说。

很有同感。在成年人的眼里,自我骄纵不是踏实的人生态度。我们倘有流露,往往会招来不悦和抵制。女儿就很调皮,我如果没及时送上赞赏,她会白我一眼:"你就不能夸夸我?"他们需要赏识。

"指手画脚是可恶的,我们要收敛,以赞赏和鼓励为主。不过,他们不顺心、急躁和焦虑的时候,我们更要注意啦!"我忍不住当起臭皮匠。其实我并不确定,得意忘形时,女儿是不是用嗔怪以杜我口?而印象中她焦虑的时候更让我头疼。

"对啊,他不顺心,我要不闻不问,就是隔岸观火呀。但我关心了,却又成为他的负担。"他接过话茬。

我无从措手的也是这种情形。以怎样的方式劝导,需要谋定而后动。主观臆断是鲁莽的,帮助和干预的界限也并不清晰。我谨小慎微仍常招女儿不悦。

他们敏感而脆弱,"颐指气使"无异于暴力。我搜肠刮肚,说:"我们要把他们当朋友,用轻松的态度亲近他们。察觉到他们的不妥,要先找原因,不能吆五喝六。待他们情绪平和时,再婉转地说出看法。"接着说出我的六字真经,有点厚黑:"不失职,不开罪。"

"是的,有时沉不住气,口不择言了,立即捅了马蜂窝。"他摇摇头,继续说道,"你知道我是直肠子,已经为他改变了很多。"

这就是症结所在了。

他还说，孩子挫败时卑微，天真时自大，把自己看成世界的中心。稍不留神，你就冒犯他啦。拉长的脸，低落的情绪，拒人于千里的淡漠。大人想较真，又怕影响他功课。于是谨小慎微，正常的交流却受到阻碍。

"伴君如伴虎。"朋友冒出这句熟语来。

这情形，我是这样熟悉。

我和女儿的龃龉，曾经日复一日地上演。后来杯弓蛇影，说话之前预测后果，前前后后，翻来覆去地掂量，很多话语就这样咽了下去。我安慰自己，少说两句就少说两句吧。

"要是任其自然，又怎么拿捏它与纵容之间的距离？如此种种，真是如履薄冰啊。"我接过话头，无奈地思索着。

我们都很清楚，有些孩子完全不用父母操心，但对大多数家长而言，这只是美丽的传说。我们须在战战兢兢中，揣摩他们的喜怒哀乐，琢磨着取悦和振奋他们。

两个臭皮匠，继续交换心得。

当他们浮躁，你必须沉着；当他们急于求成，你要淡定与坚忍；当他们焦虑了，你得冷静；当他们伤心，你要平和；当他们使小性儿，你一定要大度；当他们失去信心，你要给自己打气（给他们打气，先要看清形势）；当他们骄傲，让他们享受一下，然后考虑怎样提醒他们戒骄戒躁；当他们怠惰，思考如何帮他们走出困顿。为了他们的成长，我们审时度势，软硬兼施，使出了浑身解数。

我们在生活上是孩子的朋友，在后勤上是保障，在为人处世上是参谋。

这样的孩子是幸运的，但这是否恰当，我们心里没底。试问，当他们走上社会，发现人际关系错综复杂，千人千面，怎么办？所以，我们既不能太宽容，又不能太挑剔，不能太严酷，又不好太心软。所谓关怀备至，实是"毁人不倦"啊。

朋友说："责任太重，里外不是人。如果可以选择，我愿意辞去'家长'这个职务。"

对不起，生而不养是抛弃，养而不教就是放弃。孩子大人正在成长的关键时期（一直都很关键），你还是忍辱负重、忠于职守吧。

"与青少年相处是一门艺术，我们互相勉励吧。"无言以对的时候，我只能如是说。

彼　岸

一直庆幸，我能顺江而下，以陪读的身份入住古城。要知道，歙县作为历史文化名城，在徽州历史上很有地位。她有丰富的历史积淀，文物古迹遍布，又山环水绕、风景秀丽。初到时我暗下决心，要好好利用这三年，把古城内外、江水两岸、古村乡野寻访个遍。然现在，陪读进程过半，行动尚未开始。平素徜徉于街头巷尾也只为生活，古城的大致风貌，在头脑里仍旧模糊。

今天是本学期最后一个周末，说什么也不能错过。于是带上相机，直奔河西桥头的多景园。

延伸建设刚刚完工，它将河西桥与渔梁坝联结在美丽的新安江畔。楼阁、回廊、美人靠，富庶清雅的徽州传统陈设，闪烁着清新又安适的光泽。红红的灯笼串儿，悠然悬挂于灯柱，随风摇曳，在红衰翠减的冬日，颇有点睛之趣。阳光正好，一位老奶奶背着小娃踽踽而来，一边闲看风景，一边喃喃地与婴儿说话。只见她走进长廊，坐下，扭头望着对岸说："明天，俺们去河对面呀……"

河对面，我也在端详。碧树掩映的高岸之上一座优美的古塔，倒映在平静的练江，湛蓝湛蓝地散发着摄人的清幽之气。初到时我就赞叹它的精致，后来每每经过，都瞟上一眼。它安静地立于坡顶，飞檐翘角，铃铛摇曳，玲珑有致。在河西桥之畔，与太白楼、新安碑园、渔梁坝相映成趣。新安画派的发祥地，这样的布局体现了前人的美学品味。练江之畔有了它，风景才算完满。它活泛的倒影，则更具灵性了。

我往渔梁坝走去，不知出于怎样的偏爱，一直感觉渔梁坝适合独自漫步。她盘踞于古城之南，沿江逶迤的街道朴拙有致。时而激流之声盈耳，时而谈笑和戏哄小娃之音传来，偶有买卖交易和鸡鸣犬吠。清洁的街道，栉比的民宅，是完整保留下的一个古镇。居民都是颇有见识的城市人，独自穿行于此，是不会招致机警的目光的。闲而不散的神情，放在这里再合适不过了。然而这次，我却不再笃定，在前往的途中，时不时回瞅那座宝塔。那塔越来越小，因而越发神秘了。

渔梁古坝，流水喧腾的景象澎湃人心。居民们借由一条条石阶下来，在岸边洗濯衣物，杵捶之声缕缕传开。古坝上游宽阔的水面却平静无波，小船停泊在阳光下，一派祥宁。一静一动之中，我忍不住端详起那些犬牙交错的石块。前人的智巧是值得赞叹的，时光和流水已经将石块击打得凹凸不平，而坝体却坚固如初,仿佛身旁这座紫阳山。目光顺着山脊向前望过去,以为那塔就在前端。然而我失望地发现,它并不在视线里!

可以想见,河道上游的那一座塔,要承载多少挠人的期盼呢?那些艰辛又古老的岁月里,樯橹林立的新安江航道上,在从遥远之地归来或即将远行的人们心里,它无疑更激起了一种情怀。那情怀是乡愁的归宿、是家的符号、是亲人的驻守和凝望。远游的人们,无论在哪里遇见类似的建筑,都会怦然心动吧。滔滔江水边的青山之上,一座塔所镇定的,不仅是一方的风水,更有一方水土养育的那些羁旅的心。

对彼岸产生如此强烈的感触,着实意外。我不得不提前离开古坝,绕上河西桥,直奔宝塔。顺过西干山麓几个荫蔽的山弯,就看见那个山坡了。孑然屹立于坡上的长庆宝塔,近看更加端庄雅致。

终于可以近距离观察这美丽的建筑,不由得欣喜。绕到山坡的前方,却讶异了。居然是一座寺院!出乎意料,脑海中完全没有这寺院的任何消息。我很惭愧自己的疏失,对练江之畔古刹的茫无所知,是对佛祖失敬的态度。更发觉自己思维的呆滞,竟然没由宝塔联想到佛寺。太平兴国寺始建于唐,已然历经了千年兴衰。都说法像庄严,这样鲁莽地撞见,使我不知所措。

没带着一片虔诚,不敢冒然进殿。在槛外踟蹰时,只见寺院背倚葱茏青山,面朝微粼新安江和江那边繁华的古城,闹中取静,俯视人世间的熙熙攘攘和沧桑流变,还有芸芸众生的起居行止。香火袅袅,梵音连绵,仿佛是对彼岸黎民无边的关切。长庆宝塔就在寺的左边。别致的七级方塔,青砖白墙,佛像彩绘清丽脱俗,翘角铃铛挑檐而出,加上峭拔的葫芦宝顶,秀丽而空灵。一阵山风吹来,铃声阵阵,尤如天籁。

没有高峭伟岸和先声夺人，不管你在不在意，它就在那里。

非常庆幸这次的寻访。虽然如斯圣域，心怀愧疚的我没敢叨扰太久，然而我终究认识到，彼岸再美，光远远渴慕是不够的。只有走近了，进去了，你才能了解它的内在。原先，每次观望那塔，被影影绰绰的树木遮蔽，丝毫察觉不出与它相伴的寺院。如今知晓了，再看彼岸，佛家特有的黄色墙体，透过那些枝蔓明白无误地呈现着，远非不能辨识。至此，我终于明白了古塔存在的意义，内心对古城的文化又多了一层了解和恭敬。

我们何其有幸，朝夕相伴于新安江畔。江水千回百转，滋润着灵秀的山野和丰饶的岁月，渗透生活的点滴，牵动生命的轨迹和节奏，成为我们情感和内心的丰沛源头。但我何其疏放，致使多少彼岸的风景，浮光掠影般淹没在朦胧里。有时我们对已知的风景无限流连，对未知的东西心生向往，却往往因为怠惰和拖延，一再错过。克服惰性，始终保持好奇并迅速行动，才是体认新安之美的唯一途径。

新安江畔，无数未知的风景在等着我们。

而我的古城计划，也要加紧实施了。

十字街头

凭借陪读入住古城，让我庆幸。这庆幸，除了歙县是历史名城，还源自内心隐隐的"膜拜"，或是一种情结。

情结产生于我在遥远的、贫乏的岁月里对"十字街头"的想象和渴望。古城的十字街头，不是走马观花可以体会参透的。她的繁华与萧索、人群的疏密与流向、街景的四季变化，还有人们的俚语戏谑，都需要细细体会。唯有入住，才能把它作为日常生活的一部分来融入、感受。

对"十字街头"的想象和渴望，是如何发端的呢？

话说当年，由于历史洪流的冲刷，吾家这一叶孤舟终于不堪风浪，滞留在古城不远的小村。当我落地行走的时候，脚下的土地苍茫又贫瘠。集体贫穷时代，我们是顺从命运的。兄妹仨在村子里成长，学会了一口正宗的土话，衣着褴褛，蓬头垢面，是浑然天成的农村孩子。生存条件差，见识上尤其如此。因而从小伙伴那里听到一星半点关于城里人的传说（我们管歙县叫"城里"，仿佛县城以外的世界全是乡下，天地再大，我们看不见或不承认都是枉然的），就对它产生了莫名的景仰。以致我并不在意，其实我来自另一座县城。

听小伙伴说故事的时候，脑海里总会浮现电影中县老爷一步三摇的大佬姿态（可能是《七品芝麻官》吧）。仿佛城里人都是那派头，高堂华服，不可方物。偶尔有城里人到村里来走亲，小伙伴们前呼后拥赶去，然后鬼鬼祟祟扒住人家门框，往里看西洋景。个别同伴居然学会了一两句城里话，不管说得准不准，一律"字正腔圆"，听着受用。大人也说"深山老林读书，不如十字街头听讲"，说明城里遍地学问，因此城里人才会那般富足。

相对于那些鬼怪巫师的故事，关于城里人的段子（大多跟功名、富贵或大义、慧黠有关），在地理上接近，在品味上"高雅"，小伙伴最乐意听。我一直都醉心于当听众，并且时刻保护心里的小九九，就是那个向往不让伙伴们发现，仿佛癞蛤蟆的心态。毕竟近到伸手可触，偶尔被大人带到十字街头，却蹑手蹑脚，大气都不敢喘。作为乡下孩子，身上那番乡土气实在太浓了，还是回到故事里自在得多。当哥哥终于长大，并进入县城读中学的时候，我在故事里终于有了演绎的资本。后来还学会了几句城里话，时不时插在土话里，与现在国语加英语的时尚并无二致。

但县城的中学，我始终没能跨进，因而一直未能堂而皇之地进出这座名城。

终于走上社会，命运却再次"背道而驰"，把我安顿在了屯溪。话说这屯溪在咱心里的地位，不应在县城之下。只是它离我们村更远，它的故事在村里流传太少，以致并没有出现在我幼小的梦境里。可想而知，身在更繁华的市府所在地，心里还有个未了的情结。

后来的同事里边出现过几个城里人。他们家世不同，生活态度迥异，能力各有长短，性格也千差万别，却有着一致的特点：说一口漂亮的歙县官话；遇事颇有见地，待人接物娴熟老练；为人大方圆融，关键时刻决不输"场面"。不愧是见多识广、千锤百炼的城里人，居然与传说中的人物并无太大落差。这使我相信，那十字街头的熏陶力道不俗。

如今，时隔数十年。历史拉开大幕，使世界更加平坦。当年的草民做了城市人的妈妈，凭借陪读的身份出入其间。当年的名城，呈现出一种温和与包容的气质。站在整饬过的古今交融的十字街头，把仰望化为平视，真希望透过浮尘，咀嚼出沉淀于岁月深处的十字街头的"原味"来。

然而我知道，这"原味"属于那些传说。

最初的网络

财务部工作与收付款密不可分。那天,同事在付款时打通记忆,提起20世纪七八十年代供销社里的钢丝网。三四十年前的老场景,被提拎到21世纪网络时代的追忆中,需要机缘巧合、生活积累和灵感碰撞。

这里说的钢丝网,是当年售货员收款结账的辅助工具,规模较大的商店才能看到。只见偌大的店堂,东南西北各个方位,每组柜台顶上各系一条钢丝,通往同一个收银台。钢丝上来回游走着一个夹子,听声响是铁质的。售货的叔叔阿姨将开好的售货单和顾客交上来的钱票一起夹上,使暗劲一送,那夹子"唰"的一声,准确到达收银员头顶。只见收银阿姨(印象中都是阿姨)轻抬玉臂,三下五除二,盖完章的单子和找零的票子一起,很快回到起点。不用顾客来回跑动递来送往,真是高级又贴心。

初见时我年纪小,在县城最大的百货公司。由于各种历史机遇的交会,出生那年我随母亲光荣地扎根在农村的广袤中。一年年过去,我长成根正苗红的贫农小草根,平日里和小猫小狗为伴,串门或玩耍都在田间地头。偶尔随大人到城里逛一回,紧张又新奇,哪儿还敢撒野。瞪着一双小眼打量花花世界,内心充满艳慕。百货公司那么宽敞,物资那么富足,是最繁荣的地方。以我当年的小脚步,在里面逛上一圈可费时间了,况且我总挪不动步,而那钢丝网和穿梭的飞鱼最超乎想象。那里拥挤的人群、鼎沸的喧闹、大人们啧啧的赞叹与渴求的窘态，再加上飞鱼神奇的呼啸，让我诚惶诚恐地迷失在眩晕中。

年纪稍长，见识多了，开始探究人们的形态与话语，并对世态万象有了初步的感知。然而钢丝网仍然神奇，它是经济起步阶段聪慧的人凭借仅有的资源搭建的结算网络，说不定还是如今电子网络的意识发端呢。宽大而幽暗的店堂里，那些线条的辐射状，多少有点阳光照耀的意味，高高在上的收银员，就是太阳。身高刚到柜台的我，常常是仰视太阳阿姨的，内心的崇拜不可名状。而她神气活现的神情，简直要成为我的人生偶像了。我想，长大能像她，该有多神气。虽然只是收银，但在我看来，如今的财务部长远没她那么风光。一个手势，一声吆喝，再加上"唰"的一声，能给人全方位的震撼。如今的电子网络，数据传送瞬时到达，可是静悄悄、冷冰冰，完全没那股子生动。工作交往和酬答对话都换成了QQ私语，办公室一片寂静，让人怀念当年的喧哗。

再大一些，生出另一番况味。计划经济时代物资匮乏，供销系统"有人"成为宝贵的资源。紧俏物资的信息是否灵通关系到一家老小的吃饭穿衣，因此供销系统的职工是那个年代最"高贵"的职业之一。女孩儿一旦在百货公司上班，立刻成为香饽饽，她们工作体面又有社会地位。在那个物资贫乏的时代，前来购物的人，用辛苦劳作攒下的微薄薪资，千方百计算着换取更多的生活必需品，这个过程往往心酸并颇费周折。因而钢丝网上的滑动输送，俨然成了告别仪式。人们看着自己的血汗和国家按计划发放的商品票证，就这样"唰"的一声离自己远去，那种疼痛难舍，仿佛从心尖被割下一块肉。相比之下，咱们这拨小孩是快活的，看着夹子飞来飞去，那份利索，启蒙了购物的快意。

如今大卖场的网络早已化为无形,然而人们的消费付款,冥冥中还能找到当年的影子。蹚过苦难的岁月之河,对金钱的不舍已成定势,现今的老人(当初的大人)仍然喜欢数着付钱,动作迟缓而庄重,那份惜福依然如初。而我们(当年的小毛孩)更愿意接受刷卡消费,一来确实便捷,二来仿佛还有那声"唰"的快意的残存。商店里新一代的收银员,操纵着更高端的电子网络,却不知何时,从"神坛"上走了下来。

名　校

一

哥哥考进歙县中学,是20世纪70年代末的事。犹记当年,这引起了不小的轰动,仿佛村里出了秀才一般。当年的农村,人们一心向大地寻找出路,工分至上。父亲身为知识分子,又特别重视学业,是村里罕有的。那时我读小学低年级,尚不明白此事的意义。

也许被光环笼罩又不在意,是非凡的人格表现,以致我漫不经心的态度,赢得了大伙的青眼。作业交得快,考试名次偶尔跻身前列,也成了理所当然又让人称赞的事。老师和伙伴对我的态度,有了一些不同。然而我隐瞒了一件事,就是以我"非凡"的态度,在见到县中的牌坊和老庙时心里的害怕与忐忑。朦胧中感到,这些旧物与早已作古的"先人"有关,而我是听鬼怪故事长大的。又仿佛与大人们常说的"封建"二字牵扯,让对"破四旧"有所耳闻却不明就里的我着实费解。哥哥居住的宿舍区,古意浓郁,因为同样的顾虑,我也从不向伙伴描述。对名校的向往和崇敬被蒙上了阴影。

这些心理,充满无知的可笑与现实的可悲。若不是女儿前来就读,若不是我卑微地顺应潮流陪读,当年这些小心思,断不会沉渣泛起。

不好的联想与学校深远的历史有关。而今是一个好机会,我能够深入地了解她,以拂去往日的阴影与隔膜。

二

我在校外寄居有一段日子了,每天从"三元坊"下经过,用身体近距离测量,它比当年更显高大了。一个微雨的秋日,我穿过建于乾隆时期的牌坊,谒过康熙朝的刻着满汉两文的下马石,步经泮池之上的聚奎桥,进入学校好好地巡察了一番。

孩子们正在上课,学校显得格外的安静。大部分建筑是近代或近期的,坦率质朴。而此番,我是要寻找校园深处的古学遗迹。要知道,校址承袭了千年县学和紫阳书院,学脉绵延,弦歌不绝。其中县学初建于南唐,迄今已有1000余年的历史;紫阳书院始建于南宋,元朝迁入该处,又于乾隆年间重建。历史上屡遭战乱兵燹,如今遗存无多。

来到教学楼边,拐进它对面的僻静之地。这里被建筑物包围,浓荫蔽日,别有洞天。透过密密的树荫,一座老庙堂出现在前端,藏有康熙、乾隆御书匾额的孔庙"明伦堂"初建于南宋,在两侧大型碑刻及东、西廊庑的陪伴下,在桂香的清幽中,古朴静穆。踏着桂花细密的落英,有米白色花雨飘落。我不禁为这一派静美所打动。此景，或者正是前朝的某个秋日吧？

明伦堂所倚的山坡，密竹掩映，上有问政亭。亭名取于山，却读出了学致仕途的意味。据说当年县学选址于此，就因为问政山不俗的文脉。紫阳书院的遗址在山坡的后方，一座简约的小石坊上书"古紫阳书院"，还有一截断墙和拱形门框。与其说它是古学的纪念，不如理解为崇学的象征。是的，书院顽强地残存，验证了这一方水土兴学的热忱与信念。徽州古有"东南邹鲁"之称，"十户之村，不废诵读"，读书风气颇盛。书院在层次及办学模式上，正是县学的补充。由于早年就听闻了书院的大名，一直心存崇敬，如今寻获，不禁为残存太少而痛惜。历史的辉煌和残酷总是交织在一起。

雨一直细细地下着，带着一丝清透、一片朦胧，飘落在地面，润物细无声的状态让我忽生感动。这是多么贴切的喻示啊。此时，耳边传来一位老师授课的嗓音，清润又不乏顿挫之力。

三

学校天然地建在半坡上。没有统一的规划，没有气派的建筑，也没有漂亮的花园和先进的设施。地势的落差没有得到统一的设计。建筑自然累加，年代交错，古今掺杂，很难赢得初见者的好感。几个简陋的大门，夹杂在居民区中，进校的道路也不曾整饬宽敞。

一派随意天成的粗率，与印象中的"名校"相距甚远。初次来到时女儿的失落和不满，还有被"贬谪"的幽怨，都刻上了青春的脸庞。

然而它的独特却无可比拟。牌坊、泮池、下马石和明伦堂，都是古代学官标准配置的一部分。从县学图来看，原先的建设，有着考究的格局和复杂的配置。县学存续期间，受到朝代更迭、兵火涂炭和文革浩劫，几经毁坏，又数度崛起，平均22年重修一次。徽州人秉持为学不辍的信念，使古校园顽强地存在。历代的学子，也深深地影响着徽州历史。校史就是文明史，让人不得不感叹古徽州办学、修读之志不移的卓见，和文脉承袭的曲折跌宕。

经历了千载兴废、百代授业，校园在新时代，仍然保持着一派朴素的有生命力的宁静。孩子们有着敏锐的感受力，积年的朴实学风浸染着他们的心灵，学校的荣光亦成为他们的动力。续写新的校史，是他们自觉担起的责任。当内心有所崇敬，我明显地感到，随着了解的深入，女儿态度渐渐转变，对学校的感情越来越深厚了。活泼浮躁的她，逐渐沉稳勤勉起来。校庆期间她参与了采访，接触了多位优秀学长之后，更是深深地为学校自豪了。

日子一天天过去，每一天都朝向未来，每一天又成为历史。一群群朝气蓬勃的孩子，迈着利落的步伐走进学校。一个个优秀的学生，充实自信地从这里去向远方。他们都是校史的续写者。看着他们，你不得不承认，这千年名校还非常年轻。

夜　宵

在这千年古学之邻，我借着陪读行着自读之实。每天下班回到宿舍，一头扎进女儿的书堆,看自己的书。忘掉俗务的纷扰,打通思维的脉络,与学贤对接。

问政山的文脉想来确实不俗。进入夜晚的桃源坞,朴素,安静,更安心。

沉醉,再醒来。时间差不多了,我出门给女儿买夜宵。这是我陪读最重要的任务。而好书就是夜宵神品,走在问政山初夏的晚风中,不觉身形轻飘,神清气爽起来。

我越来越满足于现下的日子。虽然它有支离的模样,却不妨碍我们充实。生活安静、简单又快乐。让人不禁怀疑,家里那种丰足、便利又舒适的环境,全然是一个陷阱。物质真是试金石。

谁能说清,生活应以哪种面目呈现?虽有诸多谬误和嘲弄,只要我们能以自己喜欢的方式生活,就应该心存感恩吧。

珍藏这份充足又安宁的快乐,感谢这样的生活。

生活的面目

进入五月,江南常常烟雨迷蒙。前几天下了一场暴雨,巷弄就激流四溢了。问政山遭到劫掠,一部分山体化作洪流,涌向人间。

路面汪洋一片,深浅不知。我穿着拖鞋,深一脚浅一脚地试探前行。泥沙毫不客气地钻进脚丫、硌在足底,我站在水中央,进退两难。

第二天洪水消退，巷弄成为泥沙的世界。好心的居民把沙子堆拢起来，形成一排排小小的问政山。水泥路面上残余的散沙，随着小雨的汇集、纵横，开始脉络清晰、泾渭分明，呈现出宛如河流、平原和丘陵的模样来。

这不是广阔世界的精妙缩写吗？

我不禁为这个发现感慨起来。小世界有大乾坤，微观映照宏观。而广大的世界无所不包，正是无数微观构成的。

扒开皮相，都有相同的血肉。我仿佛见到生活的面目，不仅仅有阳光普照，更有阴霾、寒暑、霜雪和雨水，还有雨水过后的狼藉。就像有人说，四十岁的人，该为自己的容貌负责。容貌的样子就是内心的样子，相由心生，它造就生活的面目。表面的狰狞，总由内部的冲突、汹涌或丑恶所造；祥和的景象，多为平静、淡泊和定力投射。

曾经有漫长的冲突期。仿若在这场雨水肆虐之时，洪流莫测，掀起波澜又失去方向，生活的面目晦暗。当神思越来越清晰，有同类靠近，安静地接纳；一些人越走越远，也不再惶恐和遗憾。像雨水过后，水归于海，沙自沉淀。内心的想法让它自然流淌，任它左右人际的遴选，处事更加顺从自然，这是细雨之下的山水分明。

把得失看淡些，把那些不确定汇入生活的潜流，让岁月这个挚友，慢慢地淘。就算淘不出黄金，也能得一个敞亮的结局。

内在的丘壑，映彻生活的山山水水。生活的面目也就随之改变。

又是一年高考季

"时间过得真快"——每次开篇,我都想避开此类语言。时间从不等人,使人类一直在它屁股后追赶。累得够呛,嘴上就省点吧。然而越想逃避就越绕不开。随着寒来暑往,学校里一茬茬的孩子在交替,大门外一拨拨的家长来了又去。虽然门前的牌坊依旧如斯,它在此笑看风云,也已两百多年。

平静表象下的暗潮涌动,并不是我独特的发现。随着高考脚步的迫近,大门前家长的话题渐次向高考靠拢;学校周边的生活氛围,开始悄悄紧致。高考的神圣与重大,令高考季比春夏秋冬对人们的意义更加切实。

女儿的表现也越发不比往常,她仿佛受到时间的追赶。那天放晚学,见面就说:"高三今天毕业典礼了。下次,就轮到我们了。"又一拨孩子即将毕业,高二的孩子进入倒计时,女儿的紧迫感越来越明显。时隔一个星期,她又汇报说:"今天高三拍毕业照了,各种嗨,那场面……"未尽之言,好像有感动、感叹更有惊恐。

毕业典礼和毕业照,是里程碑式的事件,标志性明显,让人没法不警觉。当这拨孩子高考走了,大家伙自然会把注意力投放给高二的孩子。高二的她,已然不轻松。然而压力是神奇的,我明显感到,她正把身心投进应试状态，积极寻找学习上的不足。紧锣密鼓，时不我待。生活中，她语调越来越平和，态度越发谦卑低调，行动也干净利索起来。

那个自由散漫、懵懂悠游的家伙不见了，那份现实很憔悴、理想很丰满的不着边际也不知跑去了哪里。积极、沉稳、有担当的状态是迅速成长的见证。让人相信，高考已经在发挥效用，而成绩只是副产品。去年此时"要当学姐了"的快意，已经成为历史，如今的"学姐"二字，早已不是个头高、表情酷、做派老道甚至受人景仰的意思，更多意味着榜样、表率之类的责任。高考之后，有更多"后浪"跟进，前浪是不能死在沙滩上的。学姐唯有把心思收回到自身，唯有发奋向前冲。对虚名的不经意，她反而更有"学姐"的模样。

高考前夜，为高考腾地儿休假在家的女儿突然矫情地说："明天就要高考了，我好紧张啊。"又赶忙掩饰，"我只是预演一下。"是啊，又是一年高考季，但今年的感觉特别复杂，看似与自己无关，却又紧密相连，牵扯着神经。

高考的牵扯面是没有边界的，左右着全社会的情绪。各界的关注年年翻新，渠道也越来越多。从考期营养、作息调整到交通让路、小区禁声，还有情绪控制、赴试备要和应试攻略，林林总总，不一而足。这备受争议的人才选拔，深深地影响着大家伙的行动和思维。考生和他们的家人，更是一种解放战争的状态，临战一搏，期待着战后的大好前程、休养生息。而高二的孩子则从此摩拳擦掌，枕戈待旦，练就一身武艺，应对沙场点兵。

高考两天，女儿的情绪时不时回到这个主题。说"回到"，是因为她多次表示要回避高考话题，想要保持一颗平常心。然而越想"不在意"越受牵累，不请自来的紧张情绪，让这个365天后的应试主角、高考的后备军，自动自发地站到队伍的前列。高考的战线上，多了一个熟悉又稚嫩的身影，这对于陪读家长是一种精神考验。

下一个高考季，脚步声声逼近。戴着镣铐跳舞，痛并兴奋着，我们进入不寻常的一年。

江家小院

一

一直想写写这个小院，一个寻常、朴素的私家院落。

与它结缘，是街边广告引领，纯粹的天意。街上诸多的广告表明了陪读事业的兴盛。陌生的女主人骑着电动车神速驾到，她微胖、热情，有一份真实的友善，是"心宽体胖"的标准范式。从院落和室内装饰看，是娴静的、精打细算的工薪家庭。想来名校毗邻的家有闲房，是他们得天独厚的活水。女主人的殷切和周全令人宽心，院落又质朴到坦诚，我们简单看了看，没多思量就确定下来。

它坐落在古城城东，问政山脚下，紧偎校园，有一个好听的名字——桃源坞。一个皖南乡镇最常见的民居群，紧凑、错落有致，传统和现代相互渗透。一条主巷道，从学校大门外的三元坊直通问政山。但我们进院子，只在巷道起步的不远处，右拐走过一段窄窄的小巷就可以了。

进到院内，迎面是一栋小旧楼，显然是主人早年的住处，如今是陪读家庭炙手可热的套租房。它的斜对面，就是主人现在居住的"洋楼"了：两侧是高低错落的马头墙，正面是浅灰色瓷砖墙面，铝合金玻璃大门，红色大理石的开阔门脸，清洁利索。二楼阳台的白色罗马柱护栏，让房子有了些许欧范。中西合璧，是20世纪90年代以来徽州民居主要的潮流。然而无论大时代的风潮多汹涌，马头墙都是徽州人不灭的情愫。楼房的左邻，是一座很古老的旧式民宅，那堵斑驳的墙面，自然就成了院子左侧的围墙。新老交替的院子，如此就三代同堂了。

人生本来如寄。在这个院落的暂住，已经四个学期，是无法忽略的一段时光。我们居住在"洋楼"二层的一个单间，狭小逼仄，转身都能撞面，造就了母女俩最紧密的黄金时期。我们从相互碰撞到互为包容、到相濡以沫，是在这里完成了进化。相对于女儿，更是重要成长时期的落脚点、苦读时期至简至朴生活的见证：出门上学，回来休息，这里是睡觉的三尺之地。所不同的是，有妈妈如此近身的等待。

我甚至不清楚，女儿是否留意过这里的寒暑变化和四季更迭。由于我要兼顾生活，在这个院落的活动更加频繁，洗衣、晾晒和寒暄，由是滋生了温暖又感激的情愫。

二

因为平素懵懂，对家里家外的一切惯于放任。这小院一隅的生机勃勃，对我产生了启示性吸引。仿佛乡村不知名的老中医，开下轻描淡写的方子，却具有滋补身心百骸的奇效，让人气神通泰。

老墙下那个不大的"花坛"，搭着葡萄凉架，是我钟爱的景致。架下的"广阔"地带种着蔬菜,边沿三两株花草——栀子花和朱顶红,落实了春夏之交全部的芳菲。花坛种菜,不啻于奇思妙想,惊醒了墨守成规的我。想着自家的花坛,种花从没成气候,时常让杂草占领,一直是心头病患。第一个初冬,房东的花坛里,齐匝匝地发芽,葱翠油绿的小青菜引起我特别的垂涎。周末回家,就把阳台花坛的杂花乱草通通拔去,买来菜籽,密密地撒上,过了一把"城市农夫"的瘾头。冬季的青菜有一种甘甜,女主人隔三岔五摘一些煮面或清炒,调侃说"纯绿色无污染"吃着安心。到了春季,她就换种苦麻,一种碧绿的直往天上窜的叶菜。丝瓜被种在墙下的缝隙里,天气转暖,它们迅速地占领墙头、屋角甚至院门的顶棚,随意天然。

竹制的衣服晒架就搭在葡萄边,顺着花坛的一侧。每天早上晾好衣服,我就会在这里耽搁一会儿。吸引我的是坛中健康的生命。蔬菜绿油油的长势、叶子上滚动的银白色露珠、葡萄挂的果子一天天透明的情形,有一种清净无为的浑朴天趣。花儿独有的娉婷和芬芳,在老墙根下安静地开放。主人乐在其中,逐渐扩大种植,于是花坛边上陶土花盆日复一日多了起来,被种上辣椒、茄子和西红柿。密密的韭菜,似微缩的森林。再次被女主人的经验打动。瓜果蔬菜,成长、开花、结果,生命程序完整,每个阶段都有不同风采,在花盆中供养显得更美。春季气候温湿,它们快速窜高、奉献出果实的无私,是任何花卉都无法比拟的。

我过度的关注,让这个角落与几十公里外的一个阳台结成关联。周末回家,我总爱对着自家花坛,思量如何改造。第一次的种植,如果把开春后细密的菜花视为一种精神收获,也不算彻底的失败。被多年的杂草抽干了养分,泥土太过贫瘠,长出的青菜秧子精瘦,吃起来是一种硬邦邦的苦涩,引不起再吃的欲望。那个冬天,它几乎没怎么生长,没想到一开春,就夹着杂草一路狂奔，飞快掏出花苞，继而开出一片"花海"来。待我在又一个周末回家，乍一见这情形，惊诧到惭愧了。把青菜种成了野花，算不算独特的蠢才？屁颠屁颠向房东请教，怎么才能把菜种得肥硕清脆呢？女主人说，要施肥。生活中的果菜皮、蛋壳、鱼骨都是沤肥的宝物，小便更是方便的好肥。对于杂草，我实在没好意思提起，房东的菜园子，一看就是多年辛勤耕耘的结果，我这客串农夫，还是不要自曝其短了吧。

生活垃圾与排泄物可以为生活添彩，此前我没想过，足见常识的缺位。对于杂草，听之任之只会越来越多。所谓"时时勤拂拭，勿使惹尘埃"，平日闲读百书，不能光纸上谈兵。经过这番教训和启发，我暗下决心，一定要把这个角落的活力，悄悄移植。

三

陪读进入了特殊时期，真正移植菜园，要到一年之后，于是越发念念不忘。其实房东养的兰花和盆景，一样的健康利索、杂草不生，如果丝毫不提及，似乎不公平。毕竟，这个院落的些许雅致是它们所赋予。在这里，蔬菜代表物质层级，花卉则是精神寄托，两端兼顾，正是徽州人传统的生活态度。

我也有雅致的心，却没有蓄养雅致的修为。总把日子过得张皇失措，对草木的付出自然难以为继。从父母那里接手的花卉，几年下来所剩不多。两两相较，优劣立判。江家小院的启示，对我幸存的花卉是个福音。这回不仅重温了耕种技术，还立下勤勉的决心，表明农耕情结深不可测。而从中解获的经验却有更强的普适性，可以放诸人生的四海。不仅对蔬菜和花卉需要尊重和善待，对自己和家人、对朋友和同事、对事业和生活的各个细节，无不需要用心。

　　对于陪读触及的人群，尤其是这院中的人们，我自然多了一份关注。

　　主人的孩子在外求学，留守夫妇正值壮年。女主人热情好客，是我心目中"上得厅堂，下得厨房"的能干主妇。出租房业务由她全权办理，房屋状况、租价和注意事项，交代得丝毫不漏。每次寒假前，她会询问我们来年是否续租，假若续租，租价如何如何。此等询问，就是经济活动中的"要约"了，假如接受，新的契约即时产生。陪读大军多年的南来北往，房东们早就训练有素、拿捏有度了。每天进门的寒暄、出门的关照和孩子进出情况，都是她的功课。男主人是个秀气低调的人，中等偏瘦的身材，安静、恬淡，说话不多却字正腔圆，写得一手漂亮的字。记得第一次交房租，女主人手一招："当家的，过来，写个收条。"于是一款漂亮的收据诞生，落款约定俗成地写上老婆的芳名，是个进退适宜的"秘书"。

　　每天早上，他们各自去上班，傍晚下班回家，安静地煮饭、用餐，稍事休息后，出门散步。只有等到儿子空降归来，主人家的清汤寡水才有了小日子的感觉。女主人开始忙里忙外，男主人就像得了一哥们，比平日活跃很多。年轻的大学生已经是男人模样，是我眼里的房东之一，对租客非常尊重。那天他叫我一句"阿姨"，使我一时发懵不知应承，暗自尴尬了好一会儿。后来算算他比女儿没大几岁，叫"阿姨"蛮合适的，有了心理预备，哪知从此却只得到他的微笑。毛小伙子目光如炬，直接免去了我的麻烦。

　　有一段时间，女主人和楼下的陪读妈妈热衷于广场舞，邀我同去。因为向来不喜列队，我只好辜负她们。以致后来她们改了娱乐，也不记得叫上我。

　　于是大量的夜晚，整个院子只剩下我，静静地守着一盏灯，独自聆听问政山晚风和昆虫的声息、邻家偶尔传来的人声和犬吠。

四

第一学年,楼下和对面小楼的陪读妈妈,都是专职陪同。

楼下妈妈把家和店铺丢给老公,过来给小儿子煮饭。她操着浙江口音,削瘦娇小的身材。每天大家离去,漫长的白天就只有她守家。为了打发无边的空旷,她找到缝手套的工作。每天儿子一走,她就戴上眼镜,坐进阳光一针一线低头缝制。据她介绍,抓紧的话,一天可缝二十双,领二十元工资。如今物价不菲,二十元无法补贴任何一块家用,她所要的是时间流淌得悄无声息。

这时你会问,对面楼的妈妈为什么不见了人影?原来各有各福。富裕的农村家庭女主,本身就自由惯了,城里生活又让她如鱼得水。每天女儿出门,她稍作收拾,就去与她的麻将同好团聚去了。

到了第二学期,楼下男孩去杭州学美术,提前退租走了。不久,一对陪读外婆和甥女住了进来。这回人也三代同堂了。非常和蔼的老人,每早洗衣,总把水池给我们先用,说我们上班后她还有大把时间呢。遇着天气阴晴不定,她总是宽心:"衣裳晾在外面,不怕下雨,我在家呢。"于是安心出门。傍晚进门,在简易灶间忙乎的她总是和蔼地招呼,临时的家就温馨起来。一学年结束,对面小楼的女孩高考走了,换来一个男孩和他披星戴月的父亲,神龙见首不见尾的一对。偶尔见面恍若隔世,彼此都说过:"原来你还住这儿,以为你搬走了呢。"陪读的暂寄性质显露无疑。

这个院子里的生活,是房东和家长组成的。大家为了孩子聚在一起,但孩子们来去匆匆,根本没有融入大家庭。我生性愚笨,又常年存活于冷漠的水泥森林,不擅邻里交往。这回一头扎进群居的院子,面对陡然多出的"家庭成员",应对上是有些捉襟见肘的,交往起来也比他们生涩得多。幸亏大家友善与包容,还给了很多关照,让寄居的日子倒还自在,致使两个学年,就这样不声不响溜走了。

为了改善环境，我们在校园内新租了套房。搬离院子的时候，小菜园里油绿的苦麻菜已经长到了膝盖，辣椒和茄子正在开花挂果，葡萄已经长到半大，色泽更加浅透了。初夏的阳光静静地洒在作物上的样子，仿佛人们脸上盈盈的笑容，温煦、灿烂。

这样一个普通的院子，普通的一群人，构成了我陪读的重要岁月。

搬离之后的一次偶然，才闻说清初四画僧之一的"梅花古衲"弘仁（渐江）就是桃源坞人，俗名江韬。男主人恰巧姓江，为人斯文友善，行事聪颖低调，不知道他们有没有渊源？曾想过回去刨根究底，又自感心态俗陋而打消了念头。在充满灵气的问政山，人们对土生土长的艺坛巨擘只字不提，或许是一种心气富足的泰然吧。

搬 家

虽然识破了物质对人的绑架，还是对好的条件心生向往，这是人性的弱点之一。

传统谚语"吃得苦中苦，方为人上人"，是最浅显直观的训诫。藉此我心生恶念，想要带女儿做三年的苦行，还心怀鬼胎租下一个单间。没有电视和网络，没有任何享乐的可能。吃饭问题各自在外解决，房间的功能除了睡觉就是聚首和分别，外加我的夜读。

因为只有一张书桌，女儿晚归如要学习，我就得赶紧转移——上床——当着辛苦学习的孩子，大人是不好独自休闲的。装模作样地靠床捧读，不久颈椎开始抗议，视力也越发不济。

只一个秋冬，女儿的书本就堆积起来，侵占了所有的木凳，还逐渐占领了半张桌面、一只箱盖。衣物也日积月累，小衣橱、木箱和床头，一切可利用的空隙都填满了。一心想要远离物质的人，最终被物质逼进了角落。或者说抗争无效，浑然不觉中又做了它的俘虏。这库房一般的房间，零乱和逼仄的程度，是我事先没想到的。

女儿越来越想家，显然是对此的逃避。我也心神游移，不安于斗室，真需要检讨自己的德行。去秋一个晴朗的午后，我独自行经学校大门。朴素的校园突然开示，这种暂时的窘迫，只是臆想的困境，对孩子无教育意义。不如像这校园，不铺张也不特别缩俭，给她家庭现状上应有的条件，保持一种安静、朴素的生活就好。

天道酬勤，居然在校内找到一个单元房。但内有考生，一年后高考完了才会离开。这样就算是提前一年预订了，正是俏租房的运作规律。吃了这颗"定心丸"，脱离窘迫指日可待，女儿的心安定下来。我也气定神闲地观察周围的小世界了。此时桃源坞的宁静、安详、朴实和亲切才逐渐呈现，并日复一日地让人喜爱起来。直到高考结束，单元房空了出来，我们的心才又开始浮荡。

终于到了离开的时候。从一个临时住所通往另一个，路途并不遥远。但要终止一段聚居生活，仿佛将自己从大肌体上生生地剥落，心情多少有些沉重。历时两年的暂住，积累一屋的物什要实现转移不是易事，为了不累着自己，更为了放慢离开的节奏，我决定每天运送一趟，将隔季、暂时不用的先行撤离。如此搬了好几天，东西不见少去，房间却更加零乱。面对书山与凭空冒出来的杂物，我们才知道，再简洁的日子都由一系列杂乱构成。

在一个周末，我们集中力量背水一战了。

所谓挥汗如雨、心急火燎或是疾步如飞，都是内心的急切所赐。搬家的繁琐令人体力不支的同时，也一直搅扰内心。真是为物所累！搬完后，带着离别的心回到小房间洒扫清场。房东没有回来，也好，免去道别时分是对我的特别关照。第二天回访，才在心理上找到一点点轻松。

搬进宽敞的单元房，生活所需面临扩张。需要适当的布置，日常用品也需要添加，这是一项琐细的事务。但住进了学校心境就放缓了下来，我们自嘲说，当年孟母三迁，最终将孟轲迁在学宫之旁。我们的搬家，索性登堂入室住进了学校，还在古学宫和紫阳书院的遗址之上，不是比孟轲更幸运吗？话虽如此，然昔时已去，我们再也学不到"揖让进退"之礼仪了。

其实不论怎样掩饰，对生活条件的要求是搬家的动因。真的搬了，就是对物质的最终屈服。旧时所说的寒门苦读，放在新时代，或许可以解作"安于现状的潜心读书"吧？

菁菁校园

问政山文脉昌盛，紫阳书院更是学界史话，因之这个校园在我眼里，由神圣而神秘。住校外的时候，行经校门时都习惯地向里张望。愚本敦厚，认定这古老校园不能闲入，更不敢祈望登堂入室。由是徘徊了一年多，直到去秋的某个周末，终于遁入校园寻找那些古学遗迹。那日细雨霏霏，丹桂飘香，浓荫繁茂的环境别样清幽润泽。传说中的古迹一一寻获，叹服校史悠久之余，似乎还感受到了一丝年代阻隔的生疏和遥远。

我想消除隔膜需要认知，需要更多的相处，一如这些幸运的学子。便不免有些惆怅。

直到租定了房子，才满怀憧憬起来——没有比入住更亲近了。千年古学之所，给人心理上的充盈比现实的便捷更让人欣慰。揭开她神秘的面纱，逐步深入她的内心，将是一桩特别的荣幸。

如今搬进校园，一切安顿妥当，便开始了期待已久的校园生活。

住房位于校园最里端，问政山起步的地方。这样，女儿在校内的行动范围由前校区换成了后校区，而我可以每天从学校深处出发，亦步亦趋穿越蓊郁的校园了。

入住的第一周，每天都挑不一样的路线出发或回家，以便从各个角度欣赏校园。简洁朴素的学校，既深厚又简单，既沉静又活泼。有时绕道更远——穿过明伦堂前的甬道，再拐过问政亭去看一看紫阳石坊，好让它们尽快成为家园的一部分。它们在黄昏时、在晨雾里和细雨中各有风度，不得不承认，搬家对我这陪读者有着更大的意义。

然而我的观察仍然是粗放的。一次上街，女儿突然指着道旁一棵开满细白小花的树说："这是女贞，也叫冬青，我们学校很多，挂着牌子呢。"是吗？我这木讷的家伙，只会盯着道路、古建筑和它们的历史背景，却对与之为伍的植物系统视若无睹。倘若没有这些密致的树木，校园能有这蓬勃生机吗？当时正倾慕一位诗友广博的植物知识，一听女儿这话，蓦地像发现了植物园。

于是再进出校园,我就神神叨叨地对着那些植物流连忘返了。修剪齐整的珊瑚树紧密地衬护着泮池,香樟、玉兰、桂树和冬青随处可见,还有结满果实的青李、绽着粉脸的木槿花、沉甸甸结着霜籽的侧柏、含苞欲放的栀子花、翠色华盖一般的龙爪槐,葱茏的紫藤密密地覆盖着整条的长廊。泮池边爬藤上悬结着的心形果实叫作薜荔。人生第一次如此密集地认识这么多植物,堪比启蒙,该引为一大幸事。

建筑群中央那株三百多年妙龄的巨大樟树,是入住多日之后才发现的。那段时间,盯着古建筑和校园格局,兴致还新鲜地奔走于各条道路(当然也包括树下的路)。有重视便有忽略——导致对古树的视而不见。很惭愧自己重大的疏漏和眼界的窄小,女儿也很震惊,对我"天大"的失误表示了愤慨:"你想想,这样古老的校园怎能没有古树呢?"

是呀,树人和树木,难道不是相伴相生、相得益彰的吗?而参天大树的象征,在此更是不用言喻。古樟遮天蔽日地填满了原本宽阔的地带,当落日的余晖透过枝桠照射过来,我终于体会到先人荫庇后世的苦心。这丰沛的清凉显然是一份福泽。

如斯丰沛的校园,拥有一片难得的宁静。每当夜幕降临,这宁静便化作问政山乃至整个古城特有的安稳、平和的气质。微风掠过树梢、竹林的沙沙声,仿佛生命静悄悄地生长。身在其中,总能感获内心的平静与充实。偶尔传来的琅琅书声,则是其间飘扬的天籁。

在这菁菁校园,经历的每一个清晨和夜晚,每一次用餐、对读和交谈,将构成我们母女难忘的一年光阴。我们煞有介事地生活,开心地接受学校的规矩,形成简洁的生活规律。同时这又是知识播撒、思维生发的所在,是读书的好地方。淡淡的安宁中，但愿问政山不朽的文气，能不断地给我们以文化的熏陶和学业的加持。

生日快乐

高中三年，其间两个暑假。当第二个暑假来临，某人已是高三。而这个假期，一般用于冲刺备考。虽然外界非议额外开课，但作为考生和家长，其实期待并心怀感激。与其在家坐立不安，不如去教室享受稳稳的幸福——接受老师即时的指导，及时扫去困惑与混沌，老师和孩子都无怨无悔。

放假前，学校终于决定延后放假，女儿如释重负。当她把这个消息告诉我时，变成了另一件大事："妈，太好了，我终于可以和同学一起过生日了。注意，平生第一次！"生日年年过，今年是"第一次"，说来我难辞其咎。当初没经人家批准，在七月份不合时宜地诞下人家。往年过生日，因为假期寂寥，她曾提议邀请同学，我却教导说生日人人有，稀松平常，还是随缘的好。除了给她买些衣服和食品，并没有什么特别的表示，也没支持她的任何安排。

直到今年，天赐良缘。她如此喜形于色，看来压抑得太久了。

我突然陷入自责，为什么不让生日更快乐呢？好像一个人可以频繁地来到人间。我在某年某日生下某人，不是最大的天意吗，为什么不隆重庆祝？

接受更多祝福,难道不是件幸福的事?坚硬如我,愣是把一个堪可愉快的日子,变成人生一大隐憾。

生活态度不是一朝一夕形成的。谨慎到拒绝快乐,多年来不知亏欠了多少。惭愧的是近些年,每逢我过生日,她都动用私攒的零用钱为我备下一份礼物。今年的礼物更是温暖,一本女性的书,两张写满祝福的印花信笺,她特地请同学写上去的。让我翻来覆去不知读了多少遍。

对生日的态度,我停留在物质层面,她已趋向精神需求。幸亏这两年她逐步向我渗透看法,我也越来越多地接受她的建议,修正了不少粗率。当然,还有多少缺点需要改正不得而知。此类放弃温馨的享有、用理智压制天性、把快乐的火苗浇灭的事,但愿以后不要再做。我们早过了物资堪虞的年代,不敢享乐的精神后遗症该医治医治了。

应该承认,随着女儿的成长,我们已经互为师友。兼顾精神愉悦,是我需要学习的。

上课原本就是不小的福利,没想到变得如此巨大!既然说过随遇而安,心里又如此过意不去,自然支持她的想法。嘱咐几句切勿张扬,拨了一笔微薄的经费。当她满怀兴奋回到家,我能想象,一群孩子在课后,祝福、欢笑、追逐、起哄和分享的热闹情形,那是青春的孩子需要的欢乐。或者在紧张的学习之余,这更显宝贵了。

生日快乐!生活快乐!

堪与古人游

国庆七天长假,女儿只放三天,因而我的假期折为两截。

第一截,与父母团聚。三号下午返校,进入第二阶段,女儿上学,我则导入"闭关"模式。

之所以"闭关",是因为海量的旅游信息。什么多地高速公路拥堵、风景区人山人海人满为患、北京私家车南调,誓把首都的拥挤平移至并不宽裕的杭州,听说咱家后花园黄山脚下,也已水泄不通……国人全民总动员,涌向远处的景区、城市或乡村,集体进行一场说走就走的旅行,让身与心搁浅在漫漫长路上。朋友圈里,好友们靓照汹涌,来自全国各地,忍不住翻阅,耗费了不少流量。做一个旁观者,未尝不是一种新的福分。

或者假以时日,守家将成为新的时尚?

可以安静地发呆与思考:为什么物质富足之后的精神需求竟然万众如一?每遇节假日就星夜出逃,家难道不是港湾而是牢狱?

幸而我临时的家还是港湾。可以自在地喝茶,悠然地听音乐,随性地乱翻书。假期的轻松与闲适,就在其中了。

手边是新买的《高僧传》。游弋于两汉以降南北朝之间大德高僧的风轨拂照、佛家禅学的玄妙澄净中,或者是一种修行,也是对剩余假日的一种盘活。开卷对古人，体验佛法精妙、魏晋风度，未尝不是一场说走就走的心游。于己于世，低碳、安逸，收获甚笃。

"闭关"时出来透了口气——参加了一场婚宴。

偌大的餐厅张灯结彩，高朋满座，稚子追逐。新人我并不认识，径往接待处交了红包，祝福也省了。司仪显然由服务生客串，用高亢的情绪宣布婚礼开始，接下来是所谓的证婚、祝福和行礼，貌似中西合璧，口吻更像是对新人的调侃和戏弄。现场热闹哄哄，人们对着桌上的食物和酒水，边谈笑边心不在焉地应和。或许是近来冷眼旁观的毛病甚重，忽然感觉其有谬误。吃喝的场合，一场公然的嬉笑调侃，丝毫没有婚礼该有的庄重或浪漫。我极力思索着传统习俗中的婚礼——以前像这样的宴请只是"喜酒"，重要程序在酒筵以外，那些严谨、庄重、不容轻慢的环节。曾几何时，婚礼隆重得如此潦草——穿过一场酒席就到达了婚床？当客串司仪宣布"礼成"时，我甚至气愤——一场正经八百的婚礼被戏谑了。

司空见惯的成年人，是这类婚礼麻木的顺从者，大抵来偿还一项人情，我也一样。担心那些在人群中穿梭的顽童，他们如若把这场景深深烙进脑海，将不知神圣、庄重为何物。如果将仪式视为玩乐，将婚礼当成儿戏，那就堪可忧伤了。

把酒席办成婚礼，也许是家里场地窄小，又需要太多人到场，才把家中的礼数搬到了餐厅。或者家里已经行礼，再来酒宴过二遍堂，甚是辛苦。再怎么解释，都有那么点心虚或浮夸的味道。看来自信和体面，不是物质就能够赋予。

为自己迟疑的观察感到惊诧，不知是世界可疑还是我多疑？

算了，还是扎进古人堆，去他们的世界寻宝，或者能得到一些解脱。哪怕只是瞭望到他们曾经的境界和高度，也就不敢轻慢事理而谦卑自省了。当然，婚礼与高僧是八杆子打不着的，我对现象的怀疑，其实是对世相的一种执着——佛家正有破执的法门。

继续师从高僧，与古人悠游。清虚日来，滓秽日去，其或可待矣？

读书那些事

一

父亲重视学业，打小逼咱兄妹仨读书，总说人不读书不开"毛孔"——意思是不开窍，不明事理，闭目塞听。因此万般皆下品，唯有读书高。

儿时在农村，能听到这话是幸运的。可惜小儿蒙昧，当是大人哄咱的阴招。他们出门前扔来的那几本软烂的小人书、连环画早已看得滚熟，而那些难认的大相径庭又无比雷同的方块字，也没见几个大人来读，不是唬小孩的么！果然，村伯说了真诚的实话，说读书真心没用，从田里种出稻子才是根本。那个时代，粮食才是命根子。

母亲是城市下放人口，身子又羸弱，每遇农忙就病倒，拿着生产队最低的工分。阴暗的厢房，虚弱的她躺在黑漆漆的帐里，我们张惶地守在床边的情景，依旧是我最惨黯的记忆。父亲工作之余卖力地帮工，还是没能把日子过好——欠下生产队不少粮食。现实使他常自讽"臭老九"，村里人也这样戏谑。那表情里的内容，我这嗷嗷待哺的小屁孩是看不懂的，只隐约觉得，会耕田的大爷最有本事，知识分子要向贫下中农学习。

集体贫穷时代是没有精神追求的。农村人家比劳力、比工分、比生孩子。后来分产到户，开始比亩产、比盖房。再怎么看，大人都不能放下工作或农田不管，小孩也不能不去放鸭或牵牛吃草。"不读书要后悔"之语每每像风一样刮过，愣是没灌进耳朵去。

不明白父亲为什么这样执着，仍然视读书为头等大事。因为受了教育做了"公家"人，这个好强的汉子，除了保障孩子们微薄的三餐外，其他方面都很弱势。"上班小轿车，下班拉板车"是父亲艰苦岁月的残酷写照。如今想来，当年脚跨工农两界，他更能看清社会发展的最终出路，因此有着与村里人截然不同的见识。咱兄妹仨都是孝顺懂事的好孩子，一见到大人千辛万苦地载着农具或作物往家赶，都会冲过去搭把手，好像懂得"其力断金"的大道理。谁知父亲总是呵斥："作业做好了吗？"这时必然有人赶紧缩了手脚，跑回桌子趴下。后来我上学了，也成为被盯学业的人，享受到"大孩子"的待遇，草根的小野性受到压制，浑身不自在。

父亲的严厉在村里出了名。来找我玩儿的小伙伴，远远见他回来就作鸟兽散，轻易造就了小小少年的"孤独"。来串门的邻居大婶，看到孩子读书写字一准会啧啧："看哈，一家门念书先生呃。"仿佛眼见我们自陷深渊而不忍："这大孩子，可以跟大人下田了，小的也该打猪草了……"诚然，供几个读书人不如驯几个好劳力。

母亲耳根软，家里又确实需要帮手，有时就让我们干些小活。我们也乐得从书本中逃出来，到田边打猪草，到山上拾柴禾，抬井水什么的干得热火朝天。父亲回家总找母亲理论，不愿把孩子变成泥腿子——好像他知道将来农民都会失地，沦为城市的"二等公民"一样。每当他们打嘴仗，我们兄妹就装孙子，一言不发，趴在作业本上观望。老师布置的作业实在太少，根本不用花太多时间。但大人在火头上，熊孩子谁也没胆气把话说穿。

不堪回首的岁月，就在挣扎与呵责中、在父亲的不合时宜里、在小屁孩卑小的顽劣里，阴差阳错地蹉跎掉了。

二

可能是年龄尚小，对世道的艰辛体会不深（是福泽，更是一味迷药），不清楚家境啥时开始好转的。也许是包产到户、父亲涨了工资，更可能是我的成长解了母亲的困局，使母亲生病少了。总之略有余粮、又少有薪资的家庭，在农村里渐渐显出优势来。就在这当儿，我在父亲的管制、母亲的庇护下长大，还迷迷瞪瞪进了学堂。

没过两年，父亲就挑战起作业少的问题。他不知从哪里弄来整本的数学卷子，打发我的课余时间。那年头，大家一学期只能见两次考卷。当我把做好的卷子交给老师批阅时，常常引起同学围观，围观之余是深深的同情。老师和父亲沆瀣一气，想必他有过度的闲暇。后来社会教育逐步加压，应该是他们的同道越来越多的缘故。

幸而他们是始作俑者，因之力度不大，没有影响我成功地荒废自己。

当哥哥考入县中，姐姐也进了镇里的中学，老师和村里人一样，开始对我们投来关注和赞许。父亲的精力跟着孩子散布在各处，难免力不从心，能够泽被我的越来越稀薄。我对读书既没有欢喜，也没有厌恶，只是随波逐流应时而为。我诚实本分，但一颗顽童的心从来没有熄灭，而喜欢做漫天的想象，是疲惫的父亲从来不曾觉察的。如今想来，懵懵懂懂、五迷三道真是读书之大忌。

因为知识分子家庭的背景，又有优秀的哥姐做榜样，老师对我非常信任。况且我交上去的作业，大体证明了我尚且"聪明"。记得有一次从老师办公室出来，背后飘来一段评论："爸爸是国家干部，哥哥是优等生，当然错不了……"原来我这般散淡的应付已经很优秀了？有强悍的老爸和聪明的老哥，看来这书不用亲自读。以我当年的小心思，能够想到这一层是件非凡的事情。可是后来，我连高中也没读成。

当然另有主观的原因致使本人的不成器，而天生的"聪明"也趁机背叛，让我找不着北。一个农村长大的孩子，没从地里种出一棵稻谷，却在心里长出一团草来。

若干年后的一天，就读的技校放假。极偶然地遇到了小学的数学老师，他早知哥姐相继考进大学，因此热情地问我在哪儿读书。我如实禀告后，他脸色突地一沉，嘟囔了一句什么，飞上自行车就绝尘而去。面对他过于敏捷的背影我一时不解，他曾经是那么和蔼、那么宽厚地替我解惑的一个老师呀。继而我羞愧万分，无地自容了。

该读书的时候没有好好读书，就是一场巨大的辜负。

三

走上社会的第一"站"，倒是名副其实——某国营商场站柜台。二十世纪九十年代初，市场经济在母腹中卧薪尝胆，计划经济余威尚在。营业员成天与物质为伍，在穿过漫漫匮乏之路的年代，有着天使般的光环，人们总把我们连同琳琅满目的商品装进闪亮的眼睛。起先我很受鼓舞，誓把少年满腔的能量挥洒给三尺柜台。

也许用力过猛，或者我天生是干活的材料，没多久就发现其中的迷障。销售货品，虽然学问很大，却主要在态度和细致两方面，其他则没多少技术。当我做好了前者，就不知要做何种追求了，况且我也没有什么技术。

不知走了什么好运，总公司居然把我从"芸芸众生"中调出，投进业务部门。业务部是干部子女——那些为新中国开创局面的老一辈的接班人——的集中营（当年有顶班制度）。他们的学业大多受到"上山下乡"和文革的冲击，政府用一份旱涝保收的工作弥补对他们的亏欠。在我看来，他们都是经验老道的前辈，对工作驾轻就熟，因之上班多赋闲。他们日复一日地聚拢，家长里短、是非曲直、打情骂俏，话题是五花八门的市井。由于初入江湖，嘴又拙，无法跻身这个"谈队"，只好一旁观摩。经年累月，对他们每天上演的剧目，终于从敬佩到习惯、从淡漠到冷眼，后来还看到两个字——荒废，一场集体的荒废。

随波逐流、与时混日乃是一项令人发指的荒废，安于现状也只是不思进取的借口。如今想来，面对这样的团体，都与当初的不读书有关。以干部子女的优先权谋到一份工作，又被准确无误地投入这个集体。物以类聚，我身陷的这个环境正是由我和同类构成。

与彼沉浮，一晃八年，正是国企改革狂风骤雨的路程。与此相应的，是同事们一阵接一阵的心惊胆寒，日复一日的长吁短叹。身无长技，如何与世悠游呢？改革的漫长伴随着漫长的空白和惶恐，心慌之余，我才在家人的提醒中拿起书本——做谋生的预备。

由于从事财务，所做的形而下的知识储备，都在财务方面。并且随着学习的深入，越发领会知识的重要，越发对此前的荒废耿耿于怀。现在借用财务概念，对该读书时没有好好读书，做了一番总结：

一、当年没用心读书，辜负了父母和老师的付出，还辜负了一路成长触及的一切资源和所有陪伴。这些辜负一旦产生，就是沉没成本，无从找补。

二、辜负了自己的大好年华，就是欠下一笔债务，需要一辈子来偿还。因为它决定你存在的阶层，彻底影响事业、婚姻和生活的方方面面，穷尽一生。

三、那次数学老师的弃我而去，是这笔债务额外索要的对价。来者不善，猝不及防，直接计入债务本金——诸如此类的刺激，谁能泰然、谁又敢忘记？当然，如果造成自暴自弃，就不是增加债务那么简单。

四、如果继续懈怠，一路荒芜下去，债务还会因为挚息而变成巨无霸。即使当年用心读书的人过于松懈，也会泥足深陷。遗憾的是，人还无法活着申请破产保护。当然有营业外收入（额外的好运）者除外。

五、只有及时的补救才支付得起利息。有毅力持续弥补的，或有可能慢慢偿还债务本金。

六、如果想要扭转颓势、化腐朽为神奇，让人生实现"盈利"，那就需要顽愚的勤奋了。

人生是繁密的因果交织而成，仿如一场庞大的经营，以我所谓的专业根本无法核算周全，唯有根据自己的心气，朝选定的方向，一路走一路盘核。经过此番盘算，共有三条路——四、五、六，即放弃、补救或扭转。四就是随波逐流、与时混日，等着天上掉馅饼，前车之鉴太多，唯有弃选。而五和六，都需要付出足够的努力。

那么，努力别无捷径，还得从增长知识——读书开始。

四

话说得语重心长，分析也貌似有理有据，却只是一种调侃和勉励，没有什么现实意义。半辈子患得患失，总想通过梳理，给自己开一味药方，治一治这底气不足的心病。

而所谓的"实现盈利"也很含糊，是以经济收益、社会职务来衡量？还是以家庭和美、子女成才来评判？一时还真找不准尺码。鉴于文字表达的局限，在此不妄下评断，期望随着识见的增长，能得到不一样的答案。

思想是矮子，行动才重要——回到读书这件事。话说当年没有好好读书，思维没有逻辑，做事缺少方法，只能在跌跌撞撞中以勤补拙。哪知活干得越多，越捉襟见肘。没有善舞的长袖，又没有八面的玲珑，心虚气短到了尘埃。混世是如此艰难，只能亡羊补牢。

增长知识可以来自书本，也可以从实践挖掘。但实践更侧重知识的使用，还受限于群体的水平，不宜寄全部的期望。想来想去，还是通过书本获得知识，再获得知识的运用技术，同时付诸实践，事半功倍，等于站在巨人的肩膀上。

为了谋生，开始读的都是考试书目，后来拓展到专业相关。虽说知识就是力量，但只会做事就等于机器，况且专业知识精深似海，却狭窄而枯燥。为了弥补和调剂，偶尔把头伸到窗外——捎带读了一些国学经典，却被窗外的风景深深吸引。又因为艺、文、哲、史知识多横向勾连，让人很难固守一隅，不知不觉滑入漫漫书海，从此泥足深陷、无法自拔了。

姐姐曾经调侃："看来人这辈子，不读书是混不过去的……"她一针见血，影射我曾经的荒芜，而如今只是一种改造。是的，改造。但迷恋改造到了欲罢不能的程度，却是我们始料不及的。

最初，业余生活被各种有益无益的安排填满，学习时间只能靠"挤"。待到浸染日深，生活中的无效事务就像水分一样蒸发。日子简单了，人心减少浮动,时间空间竟相宽裕。

如今跟随女儿来到问政山,游离原先的圈子,掐断了网络和电视,是纯粹的读书环境。这里昌盛的文脉,是千年向学之心的汇聚。每晚饭后,在问政山夜幕轻微的拂临中,徐徐进入古人的世界,遨游于千百年漫漫时空,解读先哲的思想精髓,品味前贤名家的文学著作及风神逸事。历代哲人学者莫不学富五车,莫不善言敏思又胸怀广大,于是以古人为师,越发不敢懈怠。日积月累,触及的知识像微粒汇聚,成为一点一滴的营养,悄然滋润人生的肌体。

在我看来,专业知识好似止痛药,治标,解决谋生和社会上的一般交游。而凭个人志趣触及的广阔天地,增益器识,直逼潜质,具有纵横千载的"日月精华"及"天地真气",是一味标本兼治的中药,没有功利,不为谋生,却为人生奠下厚实的基调。

如今,借着女儿读书的当儿,读着自己的书,好像回到学生时代。三十年前父亲苦口婆心,"不读书将来要后悔"之语像耳边风一样刮过,如今想起很是羞愧,幸亏碰壁之后及时"后悔"。原来书籍的世界又劲道又香醇,使人根本停不下来——当初都干什么去了?看来对于顽童,良言一百遍,都赶不上自己一次的体验。

最后我还想说,父亲那句老话更是良言不虚——读书使人"开毛孔"——使启慧、使明理,亦使内心不惶恐。

五

高三的女儿功课一天比一天紧,一场接一场的考试,像一条鞭子,抽得她喘不过气来。每晚放学到家,就一屁股坐我对面,打开书本继续做题。有时眉头紧锁表情严肃,我除了提供一些食物,就不再言语。没有挫折的日子,风和日丽,她会先通报当天的趣事,同学和老师过招的八卦消息。

客厅的小方桌是房东留下的老家具,陈旧、矮小,四条细腿撑着一块薄桌面。自打第一次我坐下看书,女儿凑过来摊开自己的书本,它就扮演起这沉重又伟大的角色。书房和里面的书桌被彻底闲置,那种孤岛的寂寞女儿不愿意去品尝。

那晚做功课,我忙家务迟迟没坐下。她发话了:"老妈你不累吗?过来坐下吧,一起学习气氛多好。"我不学习影响气氛?得到钦点是荣幸的,赶紧跑过去坐下。这回"陪读"二字坐实了。

校园归于寂静,灯下的母女各自沉浮。

时间在静默中流逝。生物钟滴答滴答将我们推向另一种状态,我开始打哈欠。"妈,困了就去睡,不用等我。"女儿说话了。

连续鏖战,我精力不济,通常先败下阵来。偶尔她先告疲惫,我趁机怂恿:"早点睡吧,不要太辛苦……"

她总说:"还有一点点,坚持一下。"精力有限,可题海无边。

她从来不缺读书的兴趣,打小爱看图书,小学就时常带回一套套新的课外读物,初中更是变本加厉。喜欢阅读自然是好,却与日益吃紧的功课起冲突,我把握不定其中的利弊,只好睁一只眼闭一只眼。受惠于阅读,她的作文总是信手拈来。"我们是白云妈妈的孩子……",这是她小学一篇作文的开头,轻快的语言、丰富的想象,喜得班主任推荐投稿,很快就刊发见报了。

多年来,她一直保持着白云的悠游,代价是功课用力不够,成绩青黄不接。我心知肚明,她踯躅在我的老路上——懵懵懂懂,五迷三道。

高中两年的打磨,她渐渐进入攻读的状态,有了发奋的迹象。成绩却举步维艰,一直处在中等,使我们心急。她着急成绩上不去错过理想的大学,我也不能免俗。成绩是衡量尺度，有没有掌握有效的方法，能不能沉浸于一件具体而单纯的事物，是不是咬定了青山不放松，是一个孩子品质和潜质的体现。而天性也有两面，个性轻快、有一颗易感的心，难于专注，却能保持新鲜的好奇和敏锐的触觉，也需要保护。使我关注成绩，却不能只要成绩。

相对于成绩，读书的火苗能否长久地燎原更有意义；相对于读书，成绩又是一个不错的衡量——我的心理充满了矛盾。

好在她已潜下心，用一种沉稳的态度对待功课，虽然淹没在洪流之中，但仍旧做了更好的自己。

这要感谢高考制度，只有高考的压力，能使她做一番刻骨的切入，挖一挖读书的潜能，磨一磨钻研的耐力。这是读书必须迈过的一道坎，那些优异的孩子，只是更早地迈过了而已。

高考对于我们的意义，远远超过了高校的选拔。

这一株金钩梨

金秋是收获的季节，但收获的喜悦，却不是每每都能获得。譬如学校门外这株金钩梨，当它被收获，我却开始懊丧。也许是果实过早离开枝头，也许是枝叶狼藉令人不忍。尽管我知道，下一个春天，它会伤愈如初。

金钩梨，我们叫它"甜勾""拐枣"。对我来说，它是一个奇异的存在，连接着一个久远的谜团。

儿时的农村生活对于接触草木果实有一种先天的优势。那年代，大人们一年四季勤恳劳作，为生存赚取大量的稻谷果蔬。田畴饱满，山岗茂密，一场接一场的耕种，一场接一场的收获。春天的花红叶绿、夏季的果香稻黄，秋天瓜豆成熟后进入收藏的季节，每季都有它独特的贡献。小伙伴随着四季的延伸，享受着每季的果实。比如，喜爱蹲在菜畦边，寻找一条初生的黄瓜、一粒小小的西红柿；喜欢站在花密蝶飞的果林享受一阵阵花雨。待到初夏时节果树上缀满了桃李，却不敢堂而皇之地穿行其中了——站在果香中远远地觊觎，也是一种刻骨的体验。秋天，金灿灿的柿子和刺刺刺的毛栗，在我们的围绕中被迎回了家。当然，大地更是敞开胸襟，向我们递出它独创的野味：春天的树莓、乌饭果，夏秋之际的刺果儿、山楂和野葡萄，太多美丽或丑陋的果子，其间还有无数的野蔬和菌类供我们摘取。

我们熟悉一切草木，已经和土地上纷繁的一切融为一体，富有而且满足。直到金钩梨的出现，我蒙童的自信才开始松动。它被摘去叶子，一小撮一小撮地捆着，丑陋地躺在小镇街边老婆婆的篮子里。长相是黑褐色果粒不规则地株粘着，像某种植物多肉的衍生根系。当婆婆说这"拐枣"是一种野果时，我这经验老道、见多识广的农村孩子惊诧了，惊诧之余，甚是不忿。山上众多的野果，即使叫不全名字，却没有我不熟悉的。奇特的拐枣居然成了漏网之鱼，真是不小的打击。那以后的秋天，房前屋后的林子、村前寨后的山丘，都有过我寻寻觅觅的身影。结果可想而知，拐枣始终没在枝头出现。失望之余，我开始怀疑这片山乡的神奇和广大。

我的村子，是众多丘陵拢成的小世界，它离城市不近，又离大山很远。从那以后，我渐渐发现这里趣味的一切，只是土地上极小的一部分。村子以外的大山深处，分明有着更多更神奇的物种。我一直相信，甜甜的金钩梨就在那个最远的山坳里。

每到秋冬，这个来自大山的神秘使者，都会出现在街边的竹篮里，颜色褐黑，有些干皱。量不多，却是这个季节从不缺席的通告。对于它甜甜的滋味，我早已失去兴趣，却总要感叹它的长相，像它的俗名一样，一勾一拐连绵不断，与店里日益繁鲜的水果相比，越发显得奇丑。

前年夏秋，我们住进桃源坞。前往住处的道路，横亘于学校操场与停车场之间。路沿有一棵不大的树，其貌不扬，阳光强烈的时候，正好遮蔽不宽的道路，是这段路唯一的阴凉。我在其下来去匆匆，眼神多为其他景物吸引。一直到去年的秋天，无意间瞥见它残枝零乱的样子。一场浩劫发生了，我才发现那所剩不多的果实，正是奇特的金钩梨！我心目中大山的使者，时隔近四十年，出现在城市里！它一下子打通了遥远的记忆，又颠覆了久远的怀想。

那天起，我多了一桩牵挂，因为一株金钩梨就候在早出晚归的路边。为了更加亲近，我尽量把车停在树下。待到万物生发，它开始了新一番的成长，我决意利用这个机会，对它进行彻底的盘查。

五月的阳光和雨水，密匝匝地催生了花蕾。绿色的小米粒成串成簇，低调地隐藏在绿叶中。熬过一段冷热不定的日子，它终于在六月初，绽开一树繁密的白色小花。蜜蜂迎来盛大节庆，围绕着上下盘旋，挖掘里面的宝藏。丑陋的金钩梨有一个美丽又绚烂的童年。花期由盛到衰，贯穿了六月。是雨水打湿了花瓣，微风一来，就湿漉漉地撒满了道路和车窗。花雨过后，结出一种微小的果粒。一天天过去，它越发大而圆了。我是知晓结局的，因而它越圆整我越迷茫，观察也越发焦急。等到七月末，连接果粒的花茎开始长粗，颜色由绿变褐——金钩梨的变形开始了。花茎越来越粗壮，颜色越来越深，顶着绿色的果粒，水润可爱。灼热的八月，碧绿的果粒迅速成熟，被抽去水分，我才明白它是果肉上端独立的籽。而心目中的花茎，已经成长为连绵的果肉。

揭开真相的金钩梨，沉甸甸的，让我担心一场浩劫的逼近。每天走向车场，就远远地瞭望，然后站在树下仔细打量。仿佛时光逆流，我站在了儿时的果园边上。

我终于还是看到那场收获像灾难一样发生，只剩下光秃零乱的枝杈。至此，我堂而皇之地洞悉了它纷繁的"一生"。从虚无到米粒、从萌发到膨突、从成型到壮实，直到作别枝头。我们每日相见，又时常别离，金钩梨纹丝不动就进入我的生活。我甚至相信是冥冥的天意，对于击中心扉的事物，都备有一个遥远的对应——曾经的惊奇，都会让你熟稔；昔日的谜团，总能适时解开；强烈的渴愿，终将获得报偿。就像这一株金钩梨。

今天早上，灿烂的阳光掠过稀疏的枝桠直射车窗。它在渐为寒冷的季节被卸下果实、被褪去厚实的武装——把阳光还给我们。它所有的益处，终究为我们所设。

它的果实，会出现在哪一只竹篮里呢？

骨　折

2011年的夏天，我下楼时不经意，把脚崴了。从那以后，人生的路也有了波折。

今年的初冬，上周的一个早晨，女儿上学，匆忙下楼时也把脚崴了。直到今天，也没亲自走着上学。

历史惊人地相似。同是脚踝骨裂，同是右脚，同一对母女。

当然对比毫无意义，但接受的警示各自惊心，还有相应的经验要抓紧切磋，认知需要磨合，感受可以交流，一来二去有了别样的辛酸，总之崴脚成了母女的共同话题。

那天早上，同往常一样将她送出门。转身进入厨房，刚要洗碗，她蓦地在身后说："妈，脚伤了……"面对滴泪咧嘴的她，我迷糊了好一阵才反应——出事故了。

医生在给她打石膏，她好奇地问这问那，一副不懂疾苦的样子。想到自己至今隐隐作痛的脚踝，我明白这是她小小的人生最磨人的伤痛了。有点心虚，是不是把大而化之遗传给了她，甚至惊慌地后怕，伤害要是再大一点就超出我的承受值了。她的脚步早已脱离我的掌握，但接受她的跌跌撞撞，心理准备总嫌不够。

回到学校，同学飞奔来看她，关心她的伤势，询问当时的情景，听说是下楼崴的都很意外。从同学的表情里，女儿意识到了事情的严峻——没有一个堂皇的受伤理由——不是危急关头的奋不顾身，也非轰轰烈烈的大义凛然，亦不是为荣誉和责任而战。师出无名，平白把自己崴成重伤，乃"兵家"大忌。

害怕同学笑话，少年的世界真是又复杂又单纯。

当她拄着双拐被同学簇拥着，蹒跚地挪向教学楼时，迎面走来的人群中一位拄着双拐的男生是那样醒目。他同时也看到了她，双方做了相视一笑，惹得同学们也哄笑起来，坏事成双也很逗趣。

教室在四楼，每天上下成了重大的难题。

伤痛的磨人很快体现了。当行动受到限制，年轻活泼的心和坐凳绑在一起，那些琐细的小事都不能进行时，她的脾气越来越差。既委屈又着急，失去自由的抓狂淋漓尽致。肿胀疼痛的右腿，需要架在高处，可长时间架着，身体也跟着酸痛。

意志上接受伤残，行动上服从病体，她一时半会儿很难做到。让我这原本理性的老妈无从措手，只好低眉顺眼陪小心，好像腿折了，我们的内心也站不起来。

大约过了三天，她才稍微适应。平静的时候，她看着伤脚，少年老成地感叹世事的无常和躯体的脆弱。同时又有些不服："楼梯上奔走了数十年，从来没出过差错的！"自打落地行走，一直浪漫天真，这次的警钟敲得太重。

有人说，苦难是我们的精神上师。好久好久，我们都忘了低头看路的简单道理，把平坦的路走得坎坷崎岖。生活在我们粗疏的时候，给了一记提示，难道竟是一项苦心安排？

好吧，接受教训，继续。

同　学

陪读两年多，除了偶尔捎一两个顺路的孩子回家、一个每天来吃早餐的女孩外，和女儿的同学基本没有交往。直到她崴伤脚，我才有机会接触到这群无邪的孩子，同学的印象终于立体起来。

话说那天，打完石膏回校已是中午。吃过午饭，女儿顺好了情绪，收拾了一箩筐的心理准备，才在同学们的保护下，挂着双拐去上学。在教学楼下，与那"同是沦落人"的挂拐男生相逢一笑，就各自为政了。男生想来不愿做众矢之的，咔、咔、咔，径直奔上楼道，身手敏捷，运拐如飞，三下两下消失于转弯处。女儿是新伤员，自然得一步一个脚印。

疼痛使她扭曲，又手无缚鸡之力，手中的拐杖自然不听使唤，没跨两步就掉了一支。紧张得同学搀的搀，拽的拽，她越发不平衡，挣扎了几步，拐杖再次滑落。看着她在人群中气急败坏的样子，我无法插手，只好狠下心停止目送。

班里的男同学解救了她。傍晚我去教室看望，她已是重点保护对象。同学们稳妥地解决了她行动上的一切不便。她翘着的伤腿上盖着同学特地取来的外衣，桌上放着同学送的饮料食物。

一位女同学送饭来了，好几个人围上来，寻找各自喜爱的菜，你一口我一口地分享，一边嬉笑怒骂，一边交流对受伤的感触，通报老师和同学们对此事的反应。突如其来的伤害掀起了波澜。

精神上的调侃是免不了的。

一位同学眉飞色舞地打趣："你出名了，整层楼都知道你瘸了！"平常是男生爱出状况，女生挂拐可就成了西洋景。当隔壁班同学跑来慰问，女儿毫不犹豫："早上跑步崴的，"又看了看同学无辜的脸，"好吧，是下楼崴的。"一副死猪不怕开水烫的厚颜。

想象得出，他们平时互相调侃结下不少"梁子"，这次给了大家侃她的机会，心有不甘但必须接受。

玩笑归玩笑，遇到需要大家都义无反顾，取水和如厕大家都踊跃帮忙。我担心她过于依赖，提醒她不要过度叨扰同学，她大大咧咧地说："没事儿，咱们谁跟谁呀。"

我更紧张了，说你不能这样心安理得，同学们精力和时间都有限。她见我真急了，拿右手握拳敲敲左胸，认真地说："妈放心，我心里很感动，真的。"她说好多同学给她带吃的，有事都赶着帮忙，和兄弟姐妹一样："我们班很团结！平时就好，现在有事，感受更深了。"

同学就是没事打击你，有事挺身而出两肋插刀的人。他们被更多地需要，都一副坦然的乐意。用餐完毕，一位女同学便搀着她向洗手间走去，我反而成了一位闲客。

每天早上，同学来背去上学，晚自习结束再背送回家。我过意不去，难免说些感谢的话，哪知他们倒腼腆起来，说阿姨不用谢的，我们当锻炼身体呢。他们极有礼貌，早上过来，先喊一声："阿姨早上好。"一位背起女儿和我说："阿姨再见。"另一位从我手上接过女儿的书包说："谢谢阿姨，再见。"使我恍惚，倒像我帮了他们什么忙似的。

其他同学也一样，无论在教室或是路上，不论他们在做什么、有多忘形，见到我立即停息下来，认真又响亮地喊一声："阿姨好。"使散淡的我常常缓不过神来。一群活泼调皮的孩子，打心里尊重同学的父母，还蔚然成风，使我不敢小看他们的整体素质。

融洽的同学关系让我很羡慕，同时有些辛酸。印象中我的同学，除了漂亮女孩让我自卑、帅气男生给我苦涩以外，并没有留下别的什么，就连互相帮助也是为了学习雷锋。这一群孩子，善良和热情得没心没肺，自然敞亮。

明天你是否依然爱我

很久没有这样的邂逅了。

拐进小北街,几个中年男人站在店铺前,手持话筒在唱:"所有的故事,只能有一首主题歌……所有的爱情……"二十年前的歌曲《明天你是否依然爱我》。嘶哑的声线,在这条不宽的巷子里碰撞。夜幕下,幢幢的身影围着一个大音箱的情景,在智能时代土气得很倔强。

刹那间时光交错。

20世纪90年代,这情景司空见惯。那时内地歌坛刚刚起步,港台歌曲风生水起。店家把最先进的设备贡献出来,用VCD和电视机播放流行歌曲。新中国"第二代"歌迷们(80年代手提录音机上街的,应该是第一代歌迷吧),手抓麦克风,把身体里所有的躁动嘶吼出来。那时KTV还不普遍,音乐会更是少之又少。人们对音乐潮流的狂热,就用这种朴素的方式来宣泄。

那几个男人显然是我的同龄人,只是设备更加先进。他们用手提电脑取代了当年的电视机和VCD,歌曲从网络免费下载。这童心未泯的一群!我心头一热,然而假装不为所动,继续赶路。其实在歌声中,当年那些场景在我的脑海中闪电一样回放。

当年的我得天独厚，在国营商场上班，又住在商场楼上。市场经济刚刚影响商业模式，我们单位首开先河，成为市里第一家开夜市的卖场。当卡拉OK流行，商场每到黄昏就把播放器搬到大门外，吸引得顾客里三层外三层。年轻人当仁不让，抢到麦克风就吼，模仿电视里的港台明星。特别潮的，还来上一段迪斯科或者太空舞步。

我当然不会错过，总能挤进最里层，唱最喜欢的孟庭苇。羞涩胆怯就是那时放下的。潮流汹涌，后来在大街上，卡拉OK随处可见了。

我们很幸运，那时年轻人追逐潮流的风气刚刚被社会广泛接受。那个蓬勃又青涩的时代，人们还容易激情澎湃，满足于简单的陈设，不在意环境的粗陋。歌者的心思只在唱歌，听众只被歌曲吸引。再后来，卡拉OK进入寻常家庭，更先进的设备进入歌厅，街头OK慢慢就"卡拉"掉了。从此，众乐乐变成了独乐乐，人与人之间也开始慢慢疏远。

如今，KTV环境越来越豪华，唱歌人的心却总在歌外，滋生了腐朽和庸俗。而真正的歌迷，口袋里都有一部智能手机或者微型电脑，世界上最新的歌曲，都能随时随地播放，音质完美。当年不修边幅的草莽时髦，是那样粗糙和纯朴。童安格、钟镇涛、伊能静、齐秦、孟庭苇、张学友……当红的艺人虽然不少，但仍然数得过来，使我们有能力持久地崇拜。翻唱他们的歌曲，是最前沿的时尚。

转眼二十多年过去，那些遗失的青春岁月，让一首老歌牵引了回来。这长久不说爱的一群，用歌声回答那个问题："明天你是否依然爱我？"是的，爱，爱得思绪翻飞——怀旧是一种严重的青春之爱。

当我从超市返回，已是一小时之后。那几个同好依旧在唱，这回是一首更古老的《冬天里的一把火》——"你的大眼睛明亮又闪烁，仿佛天上星那最亮的一颗……"萧瑟的冬季,几个男人用粗犷的嗓音,点燃一把熊熊的心火。可惜街面依然冷清,人们早没了路边听歌的雅兴。

我不自觉放弃路人的身份,站在那里。他们很快发现了唯一的驻足者,有些兴奋,递过话筒:"来,来,唱一首!千万别客气。"我久不开嗓,怕吓着来来往往的年轻人——他们不懂我们的时尚。内心其实恨不得撕下中年女性愚蠢的端庄,痛快淋漓地吼上几句。

不好意思唱,也没了当年的自来熟,围观就没有底气。羞赧又不舍地离开。身后响起了:"只要你过得比我好,过得比我好,什么事都难不倒……"这一群怀旧的男人,动用最强大的力量,想要拉回那些青春。

运动会

学校要开运动会了。

这是展示实力的机会,也是诞生明星的时刻,更是师生集体联欢的节日。运动会,不仅有赛事的跌宕、运动员的生龙活虎、拉拉队热烈的奔忙,还有激情洋溢的每一个人,和比赛间隙宝贵的自由度。对要参加高考的孩子来说,这是释放压力的好时机。

早在一个月前,女儿就开始期待,但不幸崴伤了脚,让参与运动会变得遥远起来。在日复一日迫近运动会的日子,她对着伤脚长吁短叹,恨铁不成钢。

然而运动会无可阻挡，各年级同学的备战一浪盖过一浪。给我印象最深的，不是操场上奔跑的身影，而是教学楼前的跳绳场面。

那天傍晚，我像往常一样走进校门，眼前赫然出现庞大的跳绳队伍。好多小分队，规格不一，纵横交错，占据了偌大的广场。抡绳的同学使劲甩，跳的队友轻盈地蹦。不仅磨耐力，技巧与合作都在升华。我像走八卦阵，左躲右闪避开绳子，机警地穿过。

临近比赛那几天，广场不够用了，花坛的间隙、广场延向各方的道路，都布满了跳绳的纵队。

一天从校外返回，远远看见女儿拄着拐杖立于阳台，望着坡下出神。那里也有一群孩子在跳绳，绳子拍击地面，发出响亮的啪啪声。我一时兴起，叫唤她几句，她没有反应。我灵机一动，模仿同学用外号叫她，她才转过身来。我取笑，原来在学校得叫外号，看来我也要入乡随俗。她没有搭理，只幽幽地说："看他们跳绳，真眼馋啊。"

校园充斥着劲脆的啪啪声，我们进入了一个跳绳的世界。

我很奇怪为什么跳绳队伍这样庞大。女儿说，其他运动要么个别锻炼，时间可以错开，要么需专用场地，得上运动场；只有跳绳，有空地就成，参与的人又最多，才在课后集中进行。

原来如此，我又长了知识。

运动会如期举行。同学们都上了战场，我是无法说服她在家养伤的。她每天由同学搀着去运动会，晚上到家就兴奋地播报战况，看着她全身心投入的兴奋样子，我却总是心不在焉。显然我更在意她受伤的右脚，更关心她劳累的左脚——它承担着平衡与移动的双重责任。在喧闹的人群中，女儿是否太孤立无援？

同学是给力的，不仅取得不俗的战绩，还保障了她的安全。等我再去教室，墙上多出了一排明晃晃的奖状，那是文科班级名列前茅的荣誉。这时女儿才告诉我："这次月考我们班成绩不佳，大家都觉得没有面子。这下好了，终于把丢掉的面子从赛场上找了回来。"

原来是憋着一口气呢。

流量生活

手机被停了，我必须马上交费。通话流量超过预付，运营商昨天已经发短信通知我，我知道欠费近百，对后半段的停机预告却没在意。数据生活使我失去看完短信的耐心。发不出信息，便怀疑手机出了故障（我们一直活在电子产品的便利及故障里），直到拨不通电话，才在语音提示里恍然明白——停机了。

流量为零是多么寒碜的事，我赶到营业厅，递上数张百元大钞。在数据时代我仍拒绝网络交费，没有确定的原因，也并非顽固不化。嫌网银密码太考验记性，说不喜欢啥事都足不出户，其实是隐隐抗拒这种快速进化。

不知何时开始，我们被各种流量绑定。数据使节奏快到超出预想，也改变了生活的面目。以前晚饭后，一家人围坐在一起争看电视剧。现在好了，大家互不相干，各自摆弄电脑或手机。数据流量像血液在血管里悄悄流淌，不知不觉，让人与人的干系越来越少，家也越来越安静。

很长一段时间，办公室的电脑卡得不行。但凡正常业务，都可以配合网速缓缓进行，遇着特急的事，就该跺脚了。查查网络连接，数据包的收到数量远远低于发送，流量可望而不可即，我火冒三丈："成天与山寨电脑、盗版软件做斗争，算什么科技时代？"轻松的时候，因为网页链接不畅，正好避开数据世界的诱惑，耐心做一些网下事务，甚至可以看看书。没有流量又成了好事。

自从用上智能手机，新闻随身阅读，好友随时在线，生活的新局面一下子打开了。身上没有网络和当初没有电话一样让人恐慌。然而流量费太昂贵了，我一边心疼钱，一边一步一步实现了网络全天候连接。上网闲逛时，我这网购菜鸟发现了货到付款，学着用手机下单，居然成了网购高手。流量终于改变了我的购买习惯，流量费用也随之上升。进入4G时代，我突然警觉，打算严防死守了。

很久以前，我们关注物资流量，它是否充足关系到生活保障。后来关心腰包里资金的流量，它关系到生活改善。不论生活保障或生活改善，都不阻挡我们思维的流量，甚至还刺激脑力活动。自从电脑和手机普及，网络流量捆住了我们的手脚，还取代了部分人脑，它带来足够的精彩和知识，我们手指动一动就知天下事，思维的流量倒节约下来。

网络的如影随形，由量变到质变，使我们麻痹地活在数据中！流量，成了仅次于食物的必需品。我们可以在吃饭时，利用它与远方的亲友闲聊；可以在被窝里下单，买下梦想已久的商品。它填补了精神和时间的所有空白。

可是声色犬马让人疲倦，使我们对身边事物失去了兴趣。偶尔警觉弃网而去，聚会、健身或者游玩，末了还不忘在QQ、博客或朋友圈发几张照片，显摆和分享都仰赖这个流量。

使人烦又让人爱的流量，我一直下不了决心，该如何对待它。

事实上疏远是不可能了，我们已经陷得太深，须臾不可离开网络。我对那个流量的费用也逐渐麻木，看到营业厅大幅的4G广告，想起女儿多次的敦促，意识到我的坚守越来越迂腐。我交完话费，顺便把手机卡从3G换成4G。升级的意义尚不明确，投降的意味却十分浓厚，我向数据深渊又挺进了一步。

生活在数据里似乎很不正常，而假如切断网络，我却无所适从了。流量这个紧箍咒，它蔑视一切对抗，把我们越箍越紧。

水杉之冬

连续几天的雨水，冬更寒了。窗外的路面上，一夜之间铺满了水杉精灵般的翅膀。茂密的铁锈红不知什么时候爬上了树梢，又悄悄地回归大地。说过要用心生活，仍然没把秋天守住。须臾之间，冬天也像要溜走。

校园有很多水杉树，它们像一排排卫士，用高拔的身姿守护校园。此时它们是一片片火烧云，高耸而上，一直举过楼顶。细细的羽叶从高空悠然而下，道路和草坪铺上了一层厚厚的绒毡，还有一些绽放在碧绿的海桐上。

水杉红了，使校园对我而言，更加亲近。

小时候在农村，父亲在房前屋后种满树木。大门前的重要位置就种着水杉，刚直不阿的父亲，喜欢它的劲直。水杉主干强健，枝蔓纤细，生长起来直往云天里蹿。没过两年，那几棵幼苗，就长得令我仰望了。水杉不管这些，一直蹿，蹿过了屋顶，蹿过了那些生长多年的松树。每逢入冬，它们高高举着那一树尖尖的红叶，在松树绿海的衬托下，格外醒目。

条件好些了，父亲把家建在了城郊。照例一番种植，这回全是水杉，还是较大的苗木，使大路边的家，掩映在水杉林中。每年春雷过后，枝干上绿色的小粒挣脱红色的芽苞，清润翡翠一般的叶子开始生长。那一扇扇小翅膀在整个春天都翠绿翠绿的，由稀到密，直到把浓荫投放到路面和阳台上，形成一道严实的屏障。这时夏天就来了。

我们正是夏天搬进校园的。那时的校园葱郁幽静，其中就有水杉带来的许多阴凉。成长迅速又枝叶严密，使它不可或缺。然而它并不招摇，默默地为我们遮挡炎日。行走在树荫下，淡淡的馨香如微风般似有若无。只有寒冬来临之前，它当仁不让，要进行一场隆重的谢幕。水杉的红，使校园的初冬更加绚丽。

雨水的光临使叶子落得很快。水杉之舞或者水杉之雨，把冬季送进深寒。每当这时，我就会想起往年母亲种在门前的青菜和芫荽，此时都会撒满红红的羽毛。我替母亲担忧，芫荽夹着针叶会很难清洗。母亲淡定地说不难，拎着菜根一抖它就掉了。母亲惯于和树木相处。

水杉与人亲近，它总是不声不响地跟着我们的脚步走向各方的路，甚至跟进家门。那几天，我们的家里总有水杉细细的叶子。女儿问，家里怎么突然脏了起来。我告诉她，是水杉树叶，粘着鞋底跟进家的，并不脏。言语之间，我仿佛有母亲当年的淡定。

雨后天晴的早晨，我穿行在校园。空气湿润，轻雾氤氲，落叶纷飞，铁锈红铺满大地。这水杉的世界！踏着松软的落叶，在老师清晰的授课声和孩子琅琅的读书声里，闻着水杉特有的清香，不由精神一振。

新的一天开始了。

签 名

学校通知高考报名，仿佛一下子把高考拉到眼前。心理笃实的我也忍不住感叹，高考，不可阻挡地来了。

报名的关键是确保信息的准确。老师一再强调，大家也相互提醒，不能有任何差池，否则影响高校录取。为了不抱憾终身，报名前夜，女儿掏出了报名表，再一次严格检查。同时掏出的还有一张考生诚信承诺书。承诺书上印着高考纪律，她已经按要求清晰地誊上承诺内容。我提醒她："怎么没签名？"

她有些烦躁："明天到学校再签，不行吗？"

赶到学籍所在的学校，已经人满为患。受理者要求先交承诺书。女儿看看左右的同学，迟疑地填上身份证号，又望了望，才签上自己的大名。我突然意识到了什么，即刻凑上去看，承诺书上没有家长签字栏。陡然一阵失落，我似乎明白了她的迟疑。

从小到大，在她成长的每个阶段，无论重要或不重要的签名，都缺不了我这家长——监护人。家长签名这项事业从幼儿园开始，家庭作业的检查、试卷的过目都要签。每次递上试卷，她都一脸谦卑，出于所谓的责任，我免不了一番老生常谈。如果是成绩单，更是责任在肩——学校的苦心，我是心领神会的。她的成绩总是有待提高，我难免要趁机诘难，树立一下自己的威信。本学期开学前，报名表和家长须知还请我签名了呢。总之她成长中收获的那些纸张，是我亦步亦趋忠实地签署过来的。

女儿让我陪她去机房，上网报名。信息并不复杂，很快就填好了，她再三检查，踌躇不定，最后向我求助。我说："是你报名，你该当我不在身边才是。"她说这次太重要了，赶紧给看看。好吧，重要，我只能再一次越俎代庖。当我肯定地说没问题时，她才点下鼠标。看来心理的成长，不是签一次名就能获得的。信息确认时，她照例让我检查，然后迟疑地签了名。

说实话，签名往往很无趣，这次没让我签我却不是滋味了。返回时，我终于没忍住："像今天这样签承诺书，表示你得为自己的行为负责，以前有过吗？"

她果断地说："没有，这是第一次。"

我有点泛酸，出于大义，又不得不表示欣慰——这是她作为完全行为能力人得到了社会的承认。我拍拍她肩膀："恭喜，你长大了。"

签名事业的结束，不代表她已经成熟，却意味着我家长和监护人身份的终结。明年高考之后，她就满十八周岁了，成为法律上承认的成年人。她要做的，是尽快适应这个角色，为自己所有的决定和行为负责。而我，该从家长的权威中全身而退了。

小心脚下

走路人人都会，却未必人人都能走好。

走路这个话题，算是老生常谈了。因为崴脚的教训，我曾深刻检讨，走路是人生头等大事，不能不时时慎重，天真无邪很难走遍天下。但假如人生必须有一次崴脚，那么女儿的经历对她未尝不是一种福分。

"小心脚下"成了我每天必嘱的口头禅。她虽然拆了石膏，但仍然需要休养。吃一堑，长一智，她终于肯在我的提示下放慢脚步。看到她乖巧谨慎，我又有些担心，这会不会使她提前结束率真，坠入谨小慎微呢？我那"小心"二字，会不会把她的心真变"小"了？我真是矛盾。

那天在校园看见一个高一的男孩拄着拐杖上学，歪歪扭扭的，女儿忍不住说："瞧他走路，就知道他是新伤员。"一副老到的样子。

我打趣她："你是退伍老兵，他是新兵蛋子，革命事业后继有人啊。"

"这种事，教训很大的。"她幽幽地说。

看来有了心得，应该对失误感恩。

接二连三的崴脚事件，说明走路失误是一种常态。那么"小心脚下"应该作为箴言来铭记，在我心里它还有更深刻的启示，就是走好人生之路。

那天高考报名，填报个人特长时，女儿写了"骑自行车"。我一时讶异:"自行车是代步工具,几乎人人会骑,能算特长吗?这样的话走路是不是也算特长呢?"

她顿时语塞,默默地删掉了。其实她从未用自行车代步,骑行纯粹因为喜欢,所以才将其视为个人爱好和特长。还有走路,就真的不能成为特长吗?一辈子不失足,四平八稳,是最大的功德了。

我的教导往往是片面的。

机房的台阶高低不均,报完名下楼的时候,我一马当先:"小心,这级台阶特别高!那个也是!"我要她注意,伤脚经不起震动。

踏上平地,我突然羞惭了。她已经长大,我还这般庇护,实在太过分了。有多少好孩子就是被溺爱淹没,成为了意志的矮子。

因为心疼而无限慈悲,是我自己的心变"小"了。

好吧,松开搀扶的手,抛开惯性思维,争取让我这监护人完美收官——交出一个人格健全的成年人。我需要审时度势、防微杜渐,要快速成长的是我自己。

小心脚下,走好家长之路的最后一段。

妈妈的厨艺

有家的地方就有三餐,有三餐,必有妈妈熟稔的操持。那些家常菜是一根看不见的绳子,拴住孩子的胃,还有一辈子的想念。

女儿喜欢我煮的饭菜，在她眼里，我是天底下最棒的厨师。我也这样认为，直到那天她请同学来我家吃饭。

女儿的口味不难伺候，但偏好明显，所取极窄。她小时候，每次爬上桌，先审视一遍菜肴，没看见合口味的菜，她就噘嘴罢吃。你若逼迫她，她就噙着眼泪咽白饭，那股倔强让人恼又让人怜。那时她只想吃咸菜。有次她随我到单位吃食堂，破天荒地居然有咸菜。小小的女儿顿时欢呼："哇，太幸福了，有咸菜！"食堂阿姨感慨："如今的孩子盼咸菜，当年我们只有咸菜，看见咸菜就怕，日子真是过颠倒了。""幸福的咸菜"成为名言，在单位流传了好一阵。但咸菜可口却不宜餐餐吃，于是免不了对她威逼利诱，软硬兼施，再佐以汤水和酱醋。她就是这样一天天长大的。

餐桌上的斗争，持续到那年的四川之行。天府之国的美食彻底俘虏了我们的味蕾，女儿更像找到了归宿。我茅塞顿开，饮食可以如此畅快，为什么弄得那般痛苦？淘来川菜的菜谱，发现几乎任何菜都可做成她喜爱的麻辣味，我左右开弓大展身手了。

避开徽菜的重油重色，走素淡爽口路线，再加之酸、辣、麻，让更多菜成为她新的选项，再把她钟爱的鱼虾打造得百吃不厌。人真是饮食动物，三餐吃好了心情就好，大快朵颐之际，她常常不遗余力地称赞我的厨艺。我这才知道，原来好听的语言像孩子一样，是食物供养出来的。此后餐桌上笑声取代了阴霾，我也不用说教了。

今年住进学校是更舒适的陪伴。因为上班，仍然让她搭伙在一位阿姨家。于是我们有开伙的条件却不开伙，除非是周末，除非她说："妈，想吃你做的菜了。"我只要动手，总能令她满意。那天她征求我的意见，问我能不能请同学来吃餐饭。我心知肚明，她是想与同学分享我的厨艺。不止一次，她跟同学介绍我时，总要加上一句"我妈烧的菜特别好吃"，很是炫耀。

第一次请女儿同学吃饭，我不敢怠慢。一番买、择、切、洗，一番荤素及色彩的搭配，终于可以开饭了。女儿很殷勤地招呼同学，推荐她喜爱的菜式。同学一开始有些拘谨，好在我没有家长的架子，慢慢地她们开始谈论起自己的家，还有妈妈的菜。言语之间妈妈的菜大都可圈可点。

我做的菜颇受欢迎，大家边吃边聊，很是开心。女儿更是得意，说："我妈妈厨艺好吧？我最爱吃了。"还不够，又直接盯住同桌："我妈做的菜是不是真好吃？"看来她们平时理论过。

哪知同桌是直肠子，说道："我还是觉得，我妈煮的菜最好吃，更辣，味重，我更喜欢。"意思是我做的菜清淡，不痛不痒了。因为整天耳鬓厮磨，她说话就不见外了。

女儿诧异我们的麻辣不被喜爱，还想说什么。我说："对啊，哪个妈妈没个绝活呢。"又指着女儿打趣："哈哈，厨师的手艺是吃货决定的。假如我水平不行，完全是她的责任。"

大家咯咯地笑起来，谁的家里没有一个御用厨师呢？

话说得俏皮，却是实情。多年来，我的手艺一直在为她修正，她的倾向与口味决定我做菜的风格和方法。反复砥砺，相互成就，直到让她交口称赞。胃口和厨艺结成了一根藤上的两只瓜，彼此依存又无以取代。

凭借做妈妈的便利才读懂了妈妈的厨艺。以后，我们只管坦然地想念妈妈的菜，而不用纳闷：为什么山珍海味、满汉全席都比不上妈妈的味道？也不必傻傻地抒情，说那是对亲情的渴望与依恋。试问这世上还有谁，多年如一日，为我们独特的口味如此细致、持久地钻研呢？

妈妈的秘诀，就是把孩子爱吃的菜做到炉火纯青。

陪 伴

进入十二月，高考就进入半年倒计时了。我的陪读刚刚进入佳境。享受问政山的安宁，最后半年，变得珍稀起来。

两年前，纠缠于要不要陪读，质疑陪读的可靠与必要，生怕做了她成长的绊脚石。那种心神不定、诚惶诚恐，好像就在昨天。关心则乱，现在想来，那是不谙进退的手足无措，也是不成熟的家长该有的谨慎与谦卑。

初中毕业，正是古徽州"十三四岁，往外一丢"的年龄。明智的家长说应该让她独立，我也有同感，被溺爱的孩子长不大。洞若观火的朋友认为这是中式教育的悲哀，孩子和家长都缺乏独立精神。但陪读前辈语重心长的劝导又让我无法抗拒。一头是精神意志的塑造，一头是家庭保障的责任，令我在夹缝中踌躇。女儿有小大人的自觉，对陪读原没有期望。然而我们半推半就还是凑到了一起，说明亲人的陪伴不是"义务期满"就能掐断的。

那么该不该陪读？两年来，这个问题已不重要。关键是你来了，能不能顺其自然？不陪读，怎么安顿彼此的生活和想念？怎么安排都不是简单的该或不该。我早就不埋怨风气的强势，也不再纠结舆论的对错——哪种说法不是出于慈悲心呢？我甚至庆幸最终加入了陪读大军，既勇敢又惶惑的随波逐流，并不是一无是处。前辈们凛然的陪读理由，慢慢被我消化，最后浓缩成两个字——陪伴。我陪伴女儿，女儿何尝不在陪伴我呢？

既来之，则安之。当我们熟悉了新的环境，把心安定下来，才明白所谓的陪读不是捆绑，而是生活的继续，与之前多年的相伴没有本质区别。不同的是她更忙于学业，相聚的时间更少了。

我们重要的交流要等到晚自习下课，吃夜宵或洗脚时，她会把新闻说给我听。逸事、趣事，还有同学间的相处，使我知道她的开心和烦恼，我只需做一个听众。一吐为快的她随即投入学习，直到睡觉时间，让一天彻底结束。

从高一到现在，我们的话题慢慢变化。原先，她除了汇报新闻，还时常纠结于同学间的相处，伤心于那些误会和摩擦，敏感于男生的帅气和女生的傲气，热心于学校的历史与老师的风格，还有食物的挑选，衣物的添置等。随着时间的推移，话题越变越窄，重点投在班级的荣誉和成绩的提高，渐渐地心无旁骛了。

我们的相处时间除了深夜，还有短暂的早晨。她每天一边晨读一边等待我的早餐。吃完就径直出门，汇入上学的人流。各条通往教室的路上，同学们手捧早点边啃边赶。

陪读就是把家维持在一个离学校更近的地方。我们清晨分开，夜晚见面，并没有时间来相互折磨与摧毁，淡淡的相处也远不是溺爱。还有，你来还是不来，都无法阻挡她迅速成长。她每天都在丰富思想，收获知识，还有什么好不安的呢？

来一场中年阅读

日子一天天过去，树上的叶子一片一片飘落。寒冬的枝头，2014所剩无几了，我很敬佩水杉树上那些不落的强者，它们还在北风里坚持。

树叶只要一转身，一飘荡，就进入下一个轮回。我们也一样，郁郁葱葱、手舞足蹈地过来，转眼孩子成年，我们站在人生的中央——假如人生够长的话。盛年，也是行将衰退的年龄。接下去的岁月，是叶子逐渐泛黄，绚烂，枯萎，走向那一端。

人生一世，草木一秋。我们没有理由不珍视，没有理由不去做一片强健的叶子。很庆幸在人生的拐点上，凭借陪读，我偏安一隅，平心静气地读书和思考，做一个不错的承前启后。女儿忙于学业，每天与我交会的只是睡觉前后的一点点时光。我下班回校，就进入纯粹的私人空间。大量的夜晚与书本对谈，聆听先人的教诲，参悟哲人的妙理，吸收那些宝贵的营养。两年下来，思维更加清晰，内心也安宁许多。

因为高考的关键和陪读的重要，朋友们体现出少有的忍耐与宽容，尽量不来搅扰。单位里，领导和同事也格外体谅，遇着啥事儿都愿意挡一把。有堂皇的理由，公务应酬减少了，同学、朋友间的聚会和活动也不用为缺席而抱愧。家里的老人，除了勉励他们珍重，更多地交给了姐妹。就这样，我从纷繁中解放出来，每天下班就径直返校，不再披星戴月。大家鼎力支持之余还不忘温情地嘱咐："陪读很辛苦，劳逸结合。"让我很是愧疚。所谓照应孩子，我已不用鞍前马后，说是备考，关我何事呢，我没有刚性的期望，她学习她快乐就好。假如把我的夜读理解为守候，倒是令人解颐的。

好吧，我就是在守候中做了自己喜欢的事，把想读的书一一淘来，大举饕餮。沉浸、自足、欲罢不能，渐渐地好像可以做一片强健的叶子了。刚来时，女儿跟班主任说我是文艺中年，听后很是羞赧，孔夫子教导"先器识而后文艺"，"文艺"二字，并非心识未开者可以担当。经过两年的修行，我似乎有了一点点底气，不像当初那样忐忑了。

感谢陪读给我更多的闲暇和空间。也只有陪读，我们不用担心长时间的游离会被遗忘与抛弃。在这里，就陪读中的发现，总结出一点浅薄的认识，拿来与大家分享。野人献曝，不乏赤诚。

如果条件许可，孩子也乐意，作为家长你就坦然地陪读吧。这里不是地雷阵，没有万丈深渊，相反，大家对陪读的支持是稀缺资源，使你既能陪伴又有闲暇。你正处盛年，阅历丰富，思想成熟，精力尚且充沛，理解能力更胜少年，是学习的最好时节。谁没有几本那些年来不及读的书呢？谁没有个把未实现的梦想？中年阅读是一场拾遗补缺，正好关照内心的意愿，进行兴趣的补救和知识的扩充，针对秉性、天赋和未尽的梦想做有选择的修习，相信漫漫书海能给你丰厚的营养，拓宽智识，增益内涵，找到精神更适宜的存在，也为下半生的绚烂打好基础。要知道，之前的许多年我们是为生存而读，现在我们终于可以为生命而读了。也许你会说，我事业上还需要精进，没你那般悠闲。那么祝贺你，你有一个天赐良机——陪读最适合充电了。

离开校园二十余年，在现实的颠沛流离、酸甜苦辣中沉浮，我们内心有太多的积垢和浮躁。是时候离开声色犬马、觥筹交错了。删繁就简，让清新的氛围、无邪的笑容，为我们滤去那些杂质，使心境复归安宁。得益于阅读，我们会更加笃定和自信，冲淡谦和、心境澄明又思维敏锐。得益于阅读，即使陪读结束回归喧闹的"人间"，我们已增添一份定力，一种洞察。

来一场中年阅读吧。陪读的大好时光，不要用来打牌，也不去泡夜店，做陪读名义上的事——读书。不要只让孩子读，还债式生硬的陪伴只会让你的"牺牲"成为孩子的负累。自己也读书，和孩子一起成长，各自充实了，才不会产生怨怼，陪伴也会更加和煦。当他们成年，我们的学习预先填平了代沟。

使用好拐点，灌注好营养，做一片强健的叶子。假如有人问我，陪读有意思吗？我会回答："有，而且巨大！"假如问我如何陪读，我只想说："读书吧，做更饱满的自己。"

停　电

随着寒冬的深入，天黑得更快了。每天下班到校，已是华灯绽放。此时的教学楼，不是具体的朴旧的建筑，而是玲珑又巨大的魔方，在黑色的天幕下晶亮、纯净。溢出的光，增添了校园的通透和神秘。

坐在敞亮的大灯下看书，任时钟轻微的嗒嗒声把家的安静从校园的沉静中独立出来。窗外，偶尔有昆虫轻微的细唱。林语堂幽默的语言总让人忍俊不禁。

蓦地，世界一暗，我陷入一片黑。不远处传来异口同声低浑的"噢……"，校园的断电有数千人同时发出惊呼。问政山被唐突，一下子回到史前。

同楼的几扇门被打开，家长们奔下楼的声响与窗下互通消息的声音即刻汇到了一起。从嘈杂的话语中，得知整个城东都断电了。我后知后觉，这才想起开水用完了，洗澡水烧了一半。慌忙摸出手电筒，发现它根本打不亮。

这个夜晚变成一场考验。

半个多小时过去，女儿还没回来，许是来电尚可期待。很多住户往校外走去，我坐不住了，跑近教学楼观察。那里有低温的沸腾，几间教室明明暗暗地闪着烛光，一些孩子正在下楼。看来学校已经放学，来电的希望又遥远起来。

寒冬里断电比夏季那次断水更难挨，区区一根小蜡烛，连书本都照不亮，电热毯、烘脚炉是我过冬的法宝，没电的漫漫寒夜如何过呢？愁云惨雾地上了街，整个城东都是惨淡的。东门头聚集了很多居民，站在路灯下交换消息。说是线路烧坏了，断电面积挺大，抢修队正在查找。古老的中和街上，一半黑暗，一半明亮。人们像飞蛾一样，影影绰绰地朝亮光赶去。

在灯火辉煌的街上买好食物，正在踌躇往哪边走。女儿打来电话，召唤我赶紧回家，说终于可以早早睡觉了。我沮丧的心忽地一亮，是啊，早早睡觉，对于缺睡的人不是福音吗？我已经不懂得体会生活的恩宠了，女儿真是天使。愁云惨雾顿时消散，三步并作两步飞奔回家。她已经焐暖了被窝，此时刚过八点。真是天大的福分！

要知道，我们本该十二点以后入睡的。

充足的睡眠带来愉悦。第二天早上，面对热气腾腾的早餐，女儿还在回味："停电真是太美好了！"她说昨晚停电，大家先是烦恼，后来玩得很嗨。哼哼，难怪不回家呢。我也汇报我的见闻，说学校有很多同学住在街那头，成群结队地往那边赶呢。女儿一脸鄙夷："亲，他们上街耍呢，多难得的机会，你真不懂我们的世界。"哦，原来是带着黑色的眼睛去寻找光明了——我的反应总是慢半拍。

一场故障引发的快乐。少年的心更顺应天意。我这成年人，死板地要求一切都妥妥当当、纹丝不乱，一旦乱了就气恼和彷徨，把数十年的修行扔进了阴沟。真是自愧不如。

我那"感性"的审美也很狭隘。灯火通明就是唯一的美吗？当黑暗使身心放松，当它代表着深睡眠，那么黑暗也是美的。

芙　蓉

芙蓉谢尽了。在北风中挺立的是空空的籽囊和卷曲的枯叶，没有一点诗意的痕迹。绝代风华一旦落幕，是极致的衰败。

我正欣喜于一个狭窄的车位，一番进退挪移才挤了进去。和所有地方一样，学校的车位越来越稀缺。许是好心情让我多了顾盼，目光猛然撞上了它——芙蓉花树。枯萎、焦燥的芙蓉树，枝杈交错，好似晒干的薪材。十月下旬，我还见它满树繁花。再后来，再后来脑海里没了它的影像。我错过了它的盛极而衰，错过了它在雨水中应声而落的情景，于是对它少了那种楚楚的怜惜。

停车场墙角这一排芙蓉，算来我已陪伴了它三度的枯荣。也曾赞叹过它的美，却极少关注它的成长。难道美貌吸收了目光，却干扰了情感的投入？我极少的关注，除了去年那次惊喜又无知的发现，就剩今天面对枯枝败叶徒生的感慨了。

去年花季的某一天，我下班返回。泊好车抬头，忽然愣住——眼前是一株红色的芙蓉，而早晨我还赞叹过它纯洁的白。那种泅出润润的绿来的白，有柔嫩而淡雅的处子之美，引动我的欣喜和爱怜。傍晚时分却成了浓烈的红，且是一种倦慵的美艳。我仔仔细细检视了一遍，确定是同一株花树。早晚不同的风韵，好像一个女子经历了人生最宝贵的两个阶段。想不明白是什么现象，第二天上网查询，才知道芙蓉花会随着气温的升高，颜色一日三变。

常识的匮乏令我汗颜，尤其是芙蓉花的习性。要知道，它曾不远不近陪伴我从少年到青年。当年，家门前有一个大花圃，一年四季花木繁盛，花圃的田埂上就种着几株大大的芙蓉。花开时节那缤纷的美，在秋季的乡间非常醒目。后来花圃撤走了，留下芙蓉顾影自怜，花开花谢不再有人照料，只有我们在有意无意间享受那份美意。后来母亲干脆在屋侧种了一株。那时我已经到城里上班，每次回家都浮光掠影，对家里的动植物并不在意。芙蓉默默地开放也只是眼角的余韵，成为脑海里家园的陪衬物。这陪衬物总是绽满了花朵，红白相间，绿叶婆娑。十多年后，那株芙蓉被草率的邻居误铲掉了，母亲不依不饶，几次要找邻居理论，都被我理智地劝阻，为一棵花儿犯不着伤了邻里和气。母亲气得直翻白眼，最终因为我们的压制才悻悻作罢。

校门口的芙蓉也继承了不被关照的命运，直到它枯败的样子令我惊心。它似乎在冥冥之中责罚我的潦草和粗暴。一再的熟视无睹和漠不关心，让我终于生出愧疚，也突然领悟了母亲当年的"小气"。

这丛芙蓉的下一个花季，我已搬离此地。它独特的习性，它一日三变的美态，我若要观察，须另觅它处了。

显然，我开始追悔了。

陪伴的方式

自从就陪读发表了一些心得，一吐为快的舒坦还没褪尽，又隐隐多了一丝牵绊。话匣子打开了，不容易关起来。凭一己私见就来鼓噪，或有失当之处。我傻傻的简单的陪伴，只适合自己的家庭，我这样的妈妈和那样的女儿，是天造地设的一对。关起门来一家亲，各家对于陪伴，相信各有各的法宝，各有各的况味。

陪读是近年的新风尚，所费不赀，仍然得到大家的默许与追随。听说有的家庭，陪读从小学开始，更加艰辛和旷日持久。我偷工减料，不做亦步亦趋的照顾，不牺牲太多自我，省下许多时间和精力，可以不紧不慢地与她一起成长。我选择一种简约的陪伴。

我是女儿晚归的灯盏，晨起时暖暖的早餐。而她是我稚气的密友，使我平静的流年有一丝清新的涟漪。我乐于沉浮在她那些少女的欣喜与烦恼中，好像某些小情绪，逃逸多年之后回来找我了。

她的同学，有住集体宿舍也有租住而父母不能陪的。他们聚在一起时，那种心智的体现，豪爽干练的程度，并没有什么差别。不同的是，同学们总有一种天然的牵挂——期待家人的到来。不能陪读的家庭，各自在想念的两端，周末的相聚虽然短暂，却能补偿彼此的牵挂。从他们身上，我体会到女儿在我出差时天天准时的电话，她总是说："妈，我想你了。"遥远的想着，也是一种陪伴吧。

陪读是对牵挂的豁免，让彼此更加轻松和安稳。经历两年，我理解那些不能陪伴的父母，周末的奔波接送并不轻松，假如不能探望，心里的牵挂亦难放下。我也更加敬佩那么多家庭的母亲放下工作，跑来做全职陪读，她们舍弃自身的发展，把家庭的重心投向了孩子。

上个周末，晴朗，适合晾晒。窗下的阳光里，三五个妈妈在谈天。她们在楼下出现有一段日子了，常在一起交换经验。我一个人在清冷的家中，书看得心不在焉。她们谈话热烈却并不清晰，使我心绪难宁。走到窗前，见她们在太阳下做鞋、织毛衣，一边家长里短。一个妈妈说，这鞋子得赶紧呀，现在晚自习很冷了。她们与老天赛跑，要让孩子过一个暖暖的寒冬。

我从没做过鞋，没想过上学穿的鞋也能自家做。找出一小袋垃圾我就下楼了。晾晒架上铺满厚厚的棉被，水杉还在后继乏力地飘零。我走弧线弯到她们身边，她们在做一种低筒棉靴，非常时新的款式。全职妈妈原来这么时尚，我有些吃惊，却发现她们吃惊地望着我，一愣之下，只好转身走开。茫然呆笨的表情一定出卖我了。

全职妈妈对孩子的意义，不仅仅是灯盏和早餐，她们是窗口殷切的张望，是热气腾腾的三餐，还是充满太阳气味的被窝和温暖的大头棉靴。她们安闲的神态里，并没有为耽误年华和前途而产生的任何怨尤，她们的陪读不仅安顿好了孩子，还让自己的手艺和潜能在新交往中得到觉醒和发挥。我想她们同样收获了饱满和充实。

我这半吊子家长，对付生活总是不够精深。说要来一场中年阅读，与她们相比，显得多么松散和天真。看来读书之余，还需要阅读阅读生活的真谛。

温馨提示

不知何时开始，生活用度失去控制。原本不低的收入越来越没有优势，老观念中的生活零用变成了批量流出，三下五除二，花钱之利索前所未有。并没有提高生活品质，那些食物和日用都是生活的必需，不少消费改用了刷卡，现金的使用却没减少。这不，昨晚又去取款了。

学校边一家崭新的自助银行，锃光瓦亮，在夜幕下格外明净。自助存取的便捷和花钱一样利索，感谢科技，让排队取款的煎熬成了老黄历。机器的光泽与灯光交相辉映，里面并没有人，印证自助的高效。推开玻璃门踱进去，宁静中忽然响起"欢迎光临……"，刚觉宾至如归，接下来的语音却让人心惊——"为了您的用卡安全……"。因是头一次光顾,难免好奇。一连串的安全提示,越听越是胆寒,原本舒畅的心一下子警觉起来,左右环顾,仿佛一切都令人生疑。时长半分钟一百多字的语音,涉及至少八项内容,仅三项为技术指导,其余都是安全提示。关于谨防密码被窃、机器出现故障的——主防人为,提防他人支招——不可轻信,注意安全出行——防范偷抢。还附一条涵盖广泛的"如有意外,请拨打唯一客服电话",其中"唯一"二字,意亦在谨防假冒。为了客户财产安全,银行可真呕心沥血。严密入微的温馨提示,理应让这个冬天倍加温暖,然而鄙人听明白后,越发寒冷起来。

联想到前不久同事QQ被盗,没过几日,就有人假冒单位领导,指示其汇一笔款项。言简意赅,指向明确,好在同事敏锐,打电话请示才识破了骗局。同事们臭皮匠一般分析来分析去,认为骗子是从QQ群中获取了信息,才有的放矢,以老总的名义指示财务人员汇款。兄弟单位的工作人员为了给骗子汇款,人都到了银行,因信息误填没汇出去,得到了缓冲。同事从银行带来某人上当的消息,说是给骗子汇了好几万元,因是爱人临时交代才赶去办的,银行人员盘问来盘问去愣是没制止住,回家之后才发觉不对,赶到银行已是钱去户空。

近来江湖告急,接二连三,诈骗事件密集出现,说明骗子已经无孔不入。咱古徽州民风淳朴,又知礼重教,人与人之间鲜有欺诈坑拐之事。早年的三只手、抢包、拽首饰,皆为外来流窜作案,偶有人人喊打、抱头鼠窜的情形。当坏人掌握了科技,骗局的疆界消失殆尽,仁义道德之防火墙不再管用,坑骗偷拐再也不需要现场。即使没有流窜犯,我们这世外桃源也无有宁日了。

其实当我们离不开网络，就没缺乏过温馨提示。QQ和微信对话框时时蹦出的安全提示，让你畅快的网聊笼罩在阴云之下，因为这是行骗重灾区。电子邮箱、手机短信和网银界面，都是骗子和防骗卫士抢滩的阵地。欺诈和反欺诈的信息无异于弥漫的硝烟，提醒我们身陷于水深火热。而银行取款机，因为离账户与钞票最近，更是谁都不能放弃的梦幻之地，设卡、偷窥、更有巧舌如簧一步一步指导人们汇钱……坏人的伎俩常常超出我们的想象，使温馨提示无处不在。仔细想一想，如今我们的生活，除了必不可少的粮食、空气和水以外，警戒之心更须臾不可缺位。生活成本之高，钱财原本不容易留住，含辛茹苦积攒的血汗，必须誓死保护。

为了谨防假冒，大家总是互相提醒，凡是借钱和汇款，QQ联系的准是骗子，手机短信也不必理睬。银行柜员越来越辛苦，冒着被反感呵斥的风险，置客户隐私于不顾，不厌其烦地追问汇款事由，提醒检查信息来源。哪怕是给子女、亲戚汇钱，都得问个清楚。他们一再宣传，汇款一定要确保安全，不要给陌生人汇款。没有奈何，有的银行干脆把温馨提示定为常规程序，不许丝毫懈怠。大家伙得了一种条件反射，听说谁要汇款就立即盘问，立即宣读反诈骗攻略。使我们搞不清，大家相互的关照，各方的抱团取暖，是不是让世界更可爱了。

风声鹤唳，我们进入了全民戒备。这次防御的不是敌军，不是瘟疫，亦不是自然灾害。然而情形的险恶与持久、形式之隐蔽、涵盖面之广阔，使防范空前细致而又广大。耗费之巨，参战民众之多，前所未有。人们朝乾夕惕，枕戈待旦，投入一场旷日持久的战斗。现在临近春节，人们用钱汇款会更加频繁，想必假冒行骗更是风生水起。魔高一尺，我们必须道高一丈，电视、广播和网络更加紧迫的温馨提示，让我们的心越收越紧。

今天早上，无意中听到一则广告——安全手机。为了安全我们见招拆招，亡羊补牢，使出了浑身解数。只是安全手机真能确保安全吗？假定可以，那么全民普及的投入之巨，已不啻于一场灾害。生活用度再添防御成本，我那节节攀升的日常花销，又要突破预算了。比较起来，温馨提示尽管不温馨，却价格低廉。好吧，请继续。

圣诞快乐

时光的指针转向了年末。而年末，对于成年人与少年截然不同。成年人通常会拼命追思这快过去的一年，自己都做了什么。2014还是陌生的数字，2015已从遥远之地赶来。面对逝去的光阴，我们既紧张又惶恐。而时光的富有使少年人淡定，年末对于他们，意味着浪漫的圣诞和温馨的元旦，还有成长的新鲜和轻快。

前两天，女儿突然观察家里的水果，见有苹果才说，正好拿来送同学，想来是筹备平安夜礼物。城东的水果店突然多了一些精美的包装，说是用来装平安果。校园和她的周边，洋节的气氛格外浓郁。我们家从不过洋节，女儿的圣诞都是跟小伙伴过，互赠礼物或分享食品。

这天早晨，我们像往常一样，怀着平淡的心各自上班和上学。待到一天的公务忙完，灵光乍现，想起苹果来——今天它叫"平安果"呀。乘兴赶往厂区外的水果店，只见年轻帅气的老板在店门外支起一个大大的台子，摆满了各种礼盒，当然还有鲜花和巧克力。老板机巧地说服我接受了最贵的品种，然而一个苹果装在盒里太孤单，我左右端详，相中一个什锦大盒，装上昂贵的苹果——一个通体碧绿，一个通体紫红，搭配时兴的鸡尾酒饮品和巧克力，看起来时尚大气。

并没多想就掏钱买下了它。直到面对女儿极其意外又极为感动的样子，我才意识到，这个盒子是我第一次纯粹发自内心、没有任何目的主动给她选的圣诞礼物。女儿说："我简直不敢相信，老妈会这么浪漫，送这么奢侈的礼盒给我。"又说："我曾经幻想，哪怕是一个苹果我就很幸福了，可是我想我妈不会的。"她红了眼眶，过来拥抱我："太浪费了，太浪漫了，太感动了！"没想到一个礼盒会这般神奇！

我在她这么大时也过圣诞节，那时大家互送贺卡。成家以后就中断了，仿佛约定俗成，与传统无关的洋节都是孩子的游戏，成年人不必掺和。而记忆中给她的礼物，要么因为风俗要么是应她一再的请求，甚至是作为交换条件。不得不承认，那些赐予式物品并没有礼物的任何含义。

我从不务虚，女儿心知肚明。早晨出门时，我还一副事不关己的麻木不仁。傍晚时分买下这份礼物，纯属感性的跑冒滴漏外加理智的渎职缺位，在女儿看来却是神来之笔了。她从未有过的感动也感动了我。那个大大的红富士，价格不菲，味道远没有老板说的那般美妙，却让我们的平安夜前所未有的甜蜜。我们从没将苹果吃得那样温情，"平安夜的苹果，就是不一样。"女儿一边咀嚼一边感慨。

看来家人之间早该感性一点了。真诚地彼此取悦，是一件很美的事情。

接力赛

2015年元旦,高三只放一天假。按老规矩,我们在学校度过。第二天一早女儿就上学了,我一人留守在家。外面日光煌煌,屋内更显得阴冷,出门兜了一圈,补充了太阳能,身上就暖和起来。

返校近十一点了。三元坊在阳光下屹立,和煦而安宁;下马石威严依旧,这前朝肃穆的告示,好像永远不会被温度融化。几位工友清理了泮池,水中潜伏的杂物被捞出,池边茂盛的植物被一一除去,露出方方正正的四壁和深藏的桥拱。薜荔藤也被割去,去年夏天,初见它时我很惊奇,费了好大周折才搞清楚它的身份,我相信,开了春它就会暴出新芽,重现青葱的怀旧的意境。古老的泮池一端,终究少不了"密雨斜侵薜荔墙"的景致。物种和光阴一样,总是一茬接一茬。

穿过修剪草木释放的馨香,远远看见一大群中年人聚集在广场上。发生了什么特别的事?赶忙上前,教学楼上悬挂的条幅告诉我,这是20世纪70年代末的校友在旧地重游。趁着元旦假日,高一高二都没上课,校园里学生不多,组织者用了一番心思。数百人团成几团,热切地交谈着,一部分人已散布在校园各处。

我借助回家的方便,穿行于他们中间。他们的脸上有岁月布下的天罗地网，面容暗了，皮肤松弛了，笨拙的身材和迟缓的步伐，是不是颠覆了彼此美好的记忆？学校大了，时代变了，自己却老了，是不是有说不出的甜蜜和苦涩？

一拨校友和我同路，走向学校的腹地。大樟树下人声鼎沸。这樟树数百年来坚守于此，必定见证了他们的苦读、疾行甚至隐秘的爱恋。他们在树下合影，笑得那样亲密与欢欣，没有稚嫩的朝气，没有轻盈的风姿，兴奋的神情和闪亮的眼睛却与一切相得益彰。他们叽叽喳喳热烈地讨论，多么像一群学生在评说什么有趣的事。

对啊，他们就是一群学生。不管他们是否位高权重、是否身价千万或者当了祖辈，回到这里就是一群学生。他们读书的时代集体贫困，那种生活的磨难如今的孩子无法想象。现在他们回来，衣着光鲜，举手投足之间气定神闲，代步的小轿车挤满了校外的马路。当年的他们肯定不能想象，故地重游之时，时代和生活发生了这样的巨变。

他们久久地徘徊，用力地握手，紧紧地拥抱，在阳光下热烈地说话。母校此时就是家园。

高三的孩子放学了，一群群走向食堂。我站在楼上看得分明，一边是老校友，一边是在校生，完全不同的两代人，母校给了他们同样的身份。这群孩子身上，我同样无法想象，经历数十载风雨拼搏，他们这番年少的轻快，会变成像校友们一样的老成持重。当孩子们用餐完毕，这群校友才陆续进去。校友在食堂就餐好像是学校的风俗，只是不知道，他们还能吃出当年的味道吗？

毕业三十五载，算来他们都年过半百了。待到现在这拨孩子走向社会，他们已经退休或行将退休。一代代学子好比接力赛，趟着光阴这条河，一茬接一茬地把时代送进不可知的未来。

面　条

　　陪读的日子终究简易。前两年我们租住单间，没有蒸煮的条件，自然不动炊烟。夏天搬进了完备的新家，我才有了用武之地，然而工作日我能做的只是早餐而已。

　　我们的早餐就是面条。应了一句老话，上帝关上一扇门同时打开一扇窗。女儿打小挑三拣四，常常弄得自己没有食物可吃，然而她喜欢吃面条。我深信是这扇窗给了她尚且健康的身体。

　　我与她迥然相反。我生长在贫困年代，食物匮乏，只有春节才有面条吃。家中来客或出门拜年，端上桌的定是一碗扎扎实实的鸡蛋面。我喝惯稀饭的胃对面条有所排斥，端起面碗就想念老朋友，很不惜福，常被大人呵责。女儿对面条百吃不厌，好像替我赎罪一样。

　　在女儿眼里，其他早餐无法与面条匹敌。我一方面要满足她，一方面要说服自己，只好用不同的配料来平衡。功夫不负有心人，假以时日，我把面条也煮得炉火纯青了。女儿很满意，不仅夸赞我的厨艺，还决定每天吃它。我又窃喜又暗自叹气——这哪是替我赎罪，分明是替老天爷讨债呢。她还热情主动地邀来一位小伙伴共进早餐。受到器重，我自然不敢怠慢，每天按时定量、热气腾腾地端上桌，然后围坐着享受我们紧迫又温馨的早餐时光。

逐渐转冷的季节，热腾腾的早餐抵制寒冷。两个大孩子坐在一块，常有一些简短热烈的谈论，还有爽朗的笑声。让我忍不住臆想，如果全是自家的多好。当年俺们兄妹仨，餐餐如此围坐着吃母亲备下的食物，由于年岁出入较大，价值观无法趋同，总是互不相让、大呼小叫，母亲居然应付自如，真有能耐。我的漫无边际，淡化了那些艰辛与琐细。

早餐是短暂的，两个姑娘扒拉下肚就起身去上学，留下我一个人慢条斯理收拾残局，一边寻思要不要去采购些小菜、香葱或者鸡蛋。三个人用餐，各种用量都大起来，像一个家的样子。

有时也试过换换口味。周日早晨不上自习，同学又不过来。我们从街上选一些爱吃的早点，比如拐角那家的豆黄馃、来丰的韭菜包子、金三角的馄饨，还有饭团、锅贴和煎饼。说实话，城东的小吃经过多年的大浪淘沙，经得起挑剔。可几次下来，还是觉得坐在家里吃的才是真正的早餐。

渐渐地我也忘掉稀饭，把面条吃得津津有味起来。

昨天下午，女儿突然打来电话，说感冒了已经请假回家休息。我下班径直去阿姨家给她带了晚饭，哪知她说没有胃口，不想吃饭——"只想吃老妈煮的面条。"

我猝不及防，鼻子一酸："傻孩子，天天吃还吃不够啊。"

成绩，不可承受之轻

书读到高三，始知艰苦。

这次的月考溃不成军，女儿深受打击。并不是付出了努力就能所向披靡，一考试，拦路虎都蹦出来了。假期后返校，她坐在椅子上发呆，说怕去教室。

该来的躲不掉，名次果然后退了很多。她哭了："真是可怕，平生第一次觉得学习真难。"

她的成绩是坐过山车来的。小学到初中，成绩每每落入谷底才顽强地回头，围绕着平均线沉浮。难以面对了才逼自己用功，可见她的顽皮。进了老牌名校，同学都是各校来的佼佼者，她自然就殿了后。见贤思齐，小姑娘知耻了，成绩摇摇晃晃居然走了一年的上坡路，挤到这名校的平均线上，让我刮目相看，不禁感激学校对她的影响和高考制度给她的鞭策。

快乐的她看不懂同学的忧伤："我想不通，为什么有的同学一次没考好就哭？有什么好哭的，下次努力就是了。"

哪知到了高二，成绩开始波动，自己也开始抹眼泪。她承认："因为我在乎了。"

高三执行月考，是更密集的锤炼。她丝毫不敢松懈，"睡眠是死亡的孪生兄弟。"多少次深夜她用这话敲打自己，结果十月份成绩排名仍然下降了。

仿佛当头一棒，她想不通："已经努力了，怎么会下降呢？"

我只好帮她分析，可能同学们进步更快吧。她激动起来："我前所未有地努力了。他们怎么这么厉害！"又痛定思痛："我不信，我要优秀！我要更努力！"

我由衷地说："你一直在超越自己。"

"可是超越了自己，不等于进步！"她洞察了关键。是啊，这个时候谁会等你呢。

痛定思痛，女儿给我尚方宝剑："妈，如果发现我放松，一定要提醒我。我不能再退步了。"还破天荒求我去向班主任问道，一副豁出去的样子。

十一月初她崴伤了脚，疼痛和行动的限制使她焦躁不安，我不禁暗自着急。那次月考结束，放了两天假后再上学，临出门时她幽幽地说："妈，中午我会给你打电话的。"

我随口说："好，只要你不哭。"

"不，我会哭的。情绪已经酝酿上来了。"假装抽抽鼻子又抿了抿嘴，"勇敢"地走出了门。中午电话里她没哭，而是平静地告诉我，名次回来了。看来成绩的力量是无穷的，她顶住了伤痛。

同学们你追我赶，都在乎成绩和名次。女儿发现有的同学退步了怕见家长，问我："你为什么不像他们的爸妈，要求我达到什么名次？"

我一愣：是吗？我该提要求吗？只好坦白："你是有潜力的，但需要你主动去挖掘。如果我逼你，是透支你的学习兴趣和动力。比起现在的成绩，我更愿意你快乐又持久地学习。"

她若有所思。

在我心里，竞争是她以往不曾学会的。多年的松弛状态使她缺乏高效的方法，冰冻三尺非一日之寒，一朝一夕扭转不了乾坤，为了成绩而丢掉生趣会不会得不偿失？我一直不敢选择其一。

这次成绩的下降与前两个月连起来，是典型的过山车模式。我暗自忖度：是不是我暧昧的态度使她松弛？也许她更需要一个明确的目标、一点外来的压力？

我对成绩的语焉不详和她一次又一次地为成绩纠结，显然不和谐。

更心虚的是，她一路走来的表现是否与我天真的纵容有关？陪读前辈一再叮嘱，家长不要过于关注成绩，我也想保持一种超脱的心态，然而女儿用坦率把我绑上了她的战车，让我一颗心随着她的成绩上下起伏，忐忑难安。

"我不能消沉！"在低谷中挣扎了几天，女儿再次提起了斗志。

高考这道壕堑，真是难啃的骨头。

成绩就是冲锋陷阵的武器，然而它太飘缈了。

明天是什么日子

孔圣人说："父母之年，不可不知。"

俺兄妹仨，自小在严父慈母的管教下如履薄冰地成长，是大家伙眼里的乖孩子，我们家是村里有名的严格家庭。按说知书达理的一家人，蛮可以上慈下孝、绕膝尊亲而绵绵不尽。然时光流逝，我们的翅膀硬起来，在自己的小天空里不知疲倦地飞,而父母却老了,退居到生活的"二线",就像他们不再适应市井的嘈杂而搬至城市外环居住一样。

不用说,我的探视并不勤快。仗着老人身体尚可,假如不是过意不去,假如不是父亲电召,我便不急于赶去。

曾几何时,性子耿介、严于管制的父亲开始用好脾气打电话,甚至用QQ留言来询问:最近很忙吧?在哪儿呢?咋失踪了?谁都知道那是潜台词,那潜台词下有多少忍耐。

那天晚上与朋友们聚会。酒酣耳热,谈兴正浓,父亲来电:"你知道明天是什么日子吗?"不由心里打鼓,好在说的是明天。我的镇定如假包换:"哦,我知道,待会儿回您电话。"父亲向来惜字如金,毋庸多言就把电话挂了。

为求知己知彼,顺手就查了通讯录。明儿是母亲大人的阳历生日,原先咱家老人都是过阴历的。不容琢磨,朋友难得一聚,哪能错失光阴,继续谈笑风生,继续推杯换盏,说理想聊人生,还有什么东风恶、世情薄之类。尽兴已是夜阑,回电之事便搁下了。

第二天一早与姐姐通气之后,想着先给母亲发个短信补救。刚写下一个字,父亲电话就追了进来,直捣黄龙:"今天是你老母生日!"没有给我"主动"的余地。赶到街上,买下超漂亮的生日蛋糕一枚,再请服务生写了美好的祝词安放其上,然后恬不知耻、见风使舵地赶去庆生。

双亲气色很好,像以往一样,父亲看他的养生讲座,母亲在厨房里张罗饭菜。

我和姐姐一家进门,立即把屋子塞得满满当当。双亲一唱一和地招呼着,气氛热闹起来。凭着甜嘴皮子,说几句生日快乐之类,母亲就乐了,忙活得更欢。我们就像食客一样,心安理得地等待母亲的食物。

嫂子恰巧来电，扯淡半天，与生日无关。这个迷迷瞪瞪的家伙！借故走到一边，与其低语："今天老妈生日，快跟她说生日快乐。"然后提高嗓门："好，好，老妈，嫂子让您接电话啦……"冲进厨房，把手机递给母亲。一切合谋都是欲盖弥彰。

母亲耳背，不太听得清电话。看她开心便问："嫂子跟您说什么了？"母亲眯缝着眼："其他的我没听清，就听到生日快乐了。"一副心满意足的样子。

我和姐姐刨根问底：为什么在今天过生日？她老人家说："阴历不好记。今年开始改了，用身份证上的日期。"天哪，因为一群不着调的孩子，老人硬把生日改了。

时代改变了我们，我们也一直在改变年迈的双亲。

为了团聚，父亲当年权威的耳提面命，渐渐变成俏皮的敲打点拨。母亲那苦大仇深的气恼，亦被心领神会的撒娇取代。

明天是什么日子？

明天是和父母吃饭、谈天的日子。

离　开

知名歌手姚贝娜旧疾复发，风华正茂的年龄去了天堂，成为我们心目中美丽又忧伤的天使。那晚女儿把这个消息告诉了我。我知道她是因为《中国好声音》,美质的嗓音、雄厚的实力,再加上宠辱不惊的坚定。印象深刻,然而生命无常。

"你怎么看?"我问女儿。

女儿没有心理预备:"觉得好可惜,拼搏了很多年,刚刚家喻户晓。"

是啊,生命诚可贵,她刚刚破茧成蝶。歌手的成功通常以影响力来衡量,在实力与知名度之间需要冥冥的神助。她的神太过吝啬。

"但是生命已经无憾了。"突然想和女儿探讨生死。

女儿有些惊诧。姚贝娜,从上次病愈到这次病倒,生命的火焰如此绚烂,她做到了极致。"人啊,不要问出生时是谁,重要的是离开时以怎样的身份。让我想到电影《庞贝末日》里的奴隶阿迪克斯。"

女儿忙问:"阿迪克斯是谁?"

庞贝古城火山喷发。面对熊熊烈焰与滚滚而来的熔浆,用断剑杀死那个罗马人后,阿迪克斯从血泊中站起,把右手伸向天空大声宣布:"向勇士致敬,我以自由之身死去……"按照古罗马法律,所向披靡的他只要再赢一次角斗就能获得自由。在大自然与统治者的交相屠杀中,他做到了——击败了一个高傲的罗马贵族。

以自由之身!一个奴隶为此付出毕生,而他的奴隶身份与生俱来。

"其实我们也一样。"说完阿迪克斯,我突然想到自身。我们呢?我们衣食无忧,肌体无虞,条件优渥,我们将以什么身份离开?从未思考过这个问题,生活好像不需要我们如此思考。

凭自身的能力让自己吃饱喝足,平稳地做一天和尚撞一天钟,到了一定的年龄成婚、生子、养育、尽孝道,做世俗中该做的一切,使生命和生活得以延续;再挣一点金钱或阶位。这样的存在接近生活的"真谛"。

生命能不能更加波澜壮阔或曲径通幽？

时光的漫漫长河中，我们只是匆匆过客。雁过还要留声，我们是不是该想一想，在身前创下什么？身后留下什么？抑或乖乖做一辈子时代和生活的奴隶？

生活猛然间给了一记启示，把"信念"这个奢侈品搬到我们面前。

什么才是生命的最终归宿？值得细细考虑。

"嗯，以什么身份离开？"女儿喃喃地重复。

变态狂

"妈，我遇上变态狂了。"

任哪个母亲听到女孩子这话，都会心惊肉跳。接到女儿电话时我正在路上，一脚刹在路边："快说，怎么回事？"

女儿惊慌地说，她和同学从街上返校，走在巷弄口，一个中年暴露癖突然冲着她们大吼大叫，吓得她俩落荒而逃。确定她是安全的，我松了口气，同时一阵烦乱，不知怎么回应。

女儿惊魂未定，还在控诉。我应付了几声，打断她："我知道了，回去午睡吧。"

该死的！居然在无邪的少女面前如此龌龊！

这个被欲望烧坏头脑的，被心魔掐住脖颈的家伙！

不得不承认，这个变态狂让我惊慌失措。

我不知道，是该陪女儿一起骂臭流氓，还是让她等闲视之？我缺乏这种经验，却知道我粗暴的打断一定有问题。该死的，孩子纯洁的心灵在光天化日之下蒙上了阴影，我多年处心积虑的保护受到了侵犯。

一边寻思如何弥补，一边想起了当年遭遇下流胚子的经历。

刚工作那会儿，一个恋物癖以邻居朋友的名义出没于宿舍区，我的内衣屡遭黑手。想到自己的衣物被龌龊的男人不知做何猥亵，我就不寒而栗，又不好意思声张，暗自羞愤着。后来邻居发现了，臭骂一顿之后对他下了逐客令。有了精神支撑，少女的忐忑才稍稍平复。

是啊，精神支撑。

到家见到她，便主动提起这事："今天遇见疯子，让女儿受惊了。"

女儿说："是啊，真是可怕！"

她告诉我，同学的爸妈听后也很淡定：他们县城就有这样一位，见怪不怪了。"嗯，"我顺着说，"是的，这样的病人，每个城市都有。以后远远地避开吧。"女儿点了点头。

晚自习后，女儿带来消息，说今天撞见变态狂的同学不少，学校也拿他没办法。变态狂显然掀起了一层波澜。对这种变态狂，大家显然想不出什么良策，即使警察也不能关他一辈子。

"那还不可怕吗？妈，晚上你就不要出门了。要么从大门走，那边安全些。"女儿开始担心起我来。

说实话，这个变态狂让我心有余悸，他使我必须承认成人世界的丑陋与不堪。而这个复杂的社会，对这群少年而言，必将是一场又一场的考验与捶打。他们将承受一次又一次的惊慌和落败。

我对女儿的真空保护，开始慢慢泄漏。随着她的成长，她也必将整个暴露在浑浊的充满细菌的空气中。

我只好说："他是一个病人，管不好自己的意志，可悲却不可怕。知道么，最可怕的是那些衣冠楚楚、道貌岸然、满口仁义道德的混蛋，那才是真正需要识别和躲避的。"

女儿惊诧地张大了嘴巴。

这个世界的美丽面纱，我亲手又撕去了一角。

撞　衫

爱美是女孩的天性。进入高中的女儿更加爱美了，对服装有独特的要求。假若哪天我显得不修边幅，准会遭她冷眼。多少次，迫于她的"淫威"，我出门前赶着换衣，不然就是自堕为"大妈"。我提醒她，我的年龄是名副其实的大妈，她狠狠白了我一眼。

对我管制颇严。而她自己，则是十年不变的浅蓝牛仔裤，款式简洁的休闲外衣，偶尔穿穿休闲风的裙子。高挑白皙的女孩儿，这样就足够了，简洁、纯朴又大方。

当然再不讲究，也会有所挑剔。比如不高兴与人撞衫、不喜欢臃肿的款型。

就这么一点点坚持，决定了这件白色羽绒服跌宕的命运。亲自挑选的简洁大气的一件，她心爱至极。然而撞衫了，还是和自己不喜欢的同学。穿了没两天就被打入冷宫，挂在衣橱里像一个洁白的梦。如今的物价，一件新羽绒服断不能丢弃，我很心疼钱。她好像有所洞察，安慰说放假了再穿。为了不表现得像一个啰嗦又小气的"大妈"，我隐忍下来。

后来的闲聊中，我才有意无意道出了自己的看法：学校是同龄人密集的地方，雷同、撞衫是自然的事，处之泰然才是王道，拼命回避其实和追风模仿一样，都存着一份刻意。

然而她不置可否。

二十年前的我，也不喜欢撞衫。那时一个服装款式可以红遍整个大陆。大家伙争相追逐，见同伴穿了新款，死活要做一件来穿。普遍跟风的社会，确实需要独树一帜的精神。如今不一样了，服装风格多样，款式不计其数，追求品味和个性是大众的普遍意识，早不是单纯的拒绝模仿。就连明星撞衫，都成了一件让媒体津津乐道的巧事。

白色羽绒服独自在衣橱里熬了整整一轮秋冬。今年入冬，气温降得很快，女儿突然起兴，穿上了它。那种纯洁的美，非常契合女孩的身份，我相信，每个女孩都该拥有这样一件。我若有所思地端详着她。

她察觉了，问："干吗？"

我狡猾地说："替衣服担心，不耐脏呀！"

她幸灾乐祸，过来拍拍我："哈哈，你是替自己担忧吧。好吧，我尽量小心。"打开家门，又回头："妈说得对。我也想通了，不必在意撞衫。"

是啊，所谓撞衫，无非是撞了心理。

"那个同学，我也不再介怀了，毕竟高中三年同班不是一般的缘分。"她看了看我，眼睛里有一种我不太熟悉的东西。

这种东西就叫"成熟"吗？

雾 霾

整个下午,我在各类不得已中接受着世俗的种种考验,终于挨到事务终结,看看时间,还早。内心突然升起的压抑和寒凉驱使着我,径直驶入返回古城的路途。

不得不承认,我们身边还有不少人缺乏信念,他们是一心趴在制度上生存的。当制度模糊时,他们便有百般能耐,钻眼觅缝去谋求个人利益;当制度严苛时,他们的对策便是,收入争取许可范围内的最大化,付出力求最小值。因为国家和政府加大了约束和监督,某些行政人员变得懈怠、懒散,遇事推诿,打得一手好太极,让那些本来寻常的事务,变得棘手和坎坷。

人与人之间,为何总是阻隔重重?

河西桥笼罩在阳光里,阳光沦陷在雾霾中。桥头公园,东一簇西一簇都是晒太阳的人。也许人只有在纯粹闲逸的时候,才不会生出层层藩篱。

我不由自主地停在这里。

西干山就在对面,长庆宝塔在金色的光线里,迷蒙、温煦地惆怅着。这个世界越来越不清晰。记得小时候,清晨的大雾能把一丈外的伙伴阻隔在千里之外,然而只要雾一散,一切便清澈了,朗朗乾坤,万物毕现。而今,一种叫PM2.5的东西，把"雾"变成了"霾"。天地蒙上面纱，我们的眼睛失去穿透力，心境也难通透。

靠近人群，我才发现，不管从哪个角度，我都只能看见团团的背影。七八个脊背凑在一起，就是一场牌局，以及牌局不可或缺的看客。踱了一圈，没人注意到我，一个背包的上班族出现得是否合宜，没有人关心。

我也没有办法，将自己安插进任何一群。

好在公园郁郁葱葱，练江之风也不再凛冽。我坐在亭子里，任阳光播撒在身上。不记得上次彷徨是什么时候，我一直那样阳光。

"天晴有雾霾。"天气预报里，近来常出现这一句。

这古城，这公园，属于我的时间已经不多。天天穿行的河西，山坡被深深地挖开，又被建筑物满满填上，早就不是来时的模样，除了一进一出那两座古老的桥。公园和古城有一种无惧的定力，坐看人来人往、世风变幻。

公园正中，汉白玉母女雕塑就在我的不远处。年轻的母亲温婉地坐在阳光里，她的稚儿永恒地趴在她的身体上。这一对人儿，多么幸运。

我们母女呢？女儿近来情绪不稳，因为段考的临近。我也紧锣密鼓，在文字与书本间修行。我们是被追赶的绵羊，挤进了时间的犄角。半年之后，她会在哪个城市天天给我打电话？我那些天真细碎的想法又去告诉谁呢？那些属于我俩的话题，无法向第三者倾诉。

她一定成长得更快，而我也会匆匆老去吧。失去伙伴的我，会懒惰，会松散，会杂乱无章吧？

如果她在，她断不许我对自己放松管制，潦草地老去。只有这个，是我看清了的。

周　期

人们常说，女性是伟大的。这时的"女性"与"母亲"等同。

做母亲，是老天赋予女性最伟大的使命。生活的艰辛与困苦，都经由这个角色予以消融。假如生活是平稳又淡泊的，那么这个角色就让日子富而足了。我是这样感激母亲这个身份。造化神奇，为了这个身份，仁慈又慷慨的老天，给女性配备了足够的生理设施。生理周期，取决于这个设施的运行规律，它有着一定的区间。

近年来，我的周期越来越短，最终盘桓在区间的最低值上。而女儿近来却越拉越长，直达最长的天数。一个肌体上剥离的母女，分别盘踞在正常值的两端。显然，老天给了我们截然不同的配额。

一位大姐迷信地说，这个越是频繁，对身体越是损耗。我就迷信地想，既然我代表损耗，那女儿的，就表示能量的积蓄吧，老天的平衡术挺微妙。

终于在那个月，左等右等，例假就是不来。女儿也察觉了，她那姗姗来迟的大姨妈走了又来了，而我却无人造访。我假装惬意，心已然走到了轻松的反面。

周期的紊乱是一种预示，对于女性首先是心理考验。日薄西山的境地让我凄惶，凄惶中，第一次生出就医的自觉。

医生例行公事，开出检测的单子，于是身体里的暗疾跃然纸上了。

不受欢迎的疾病与物什，在身体里扎下了根。老天的慷慨露出了狰狞的面目，使肌体在不知不觉中进入另一种状态。那不能摆脱的部分，势必不肯停止生长。生命的不确定，倒是越来越确定了。

好在疾病的预后并不严峻，监控也并非难事。医生等闲视之，却果断地开了药方："吃一个月吧，控制控制。"我抱着一大包药物，好像抱着救命稻草。

女儿见到这情形更是惊慌。

记忆中，这样吃药的经历不是我的。

我像女儿这般大时，父亲开始餐餐吃药。后来，母亲也开始吃药。药，最终成为他们餐桌上固定的食物。

由此肇端，我进入了新境界。

生命的成长与衰败，凄恻地交替着。当女儿到了我这个年纪，我就成了父母现在的样子。

我们在生命周期不同的点位上。

我不睡

上次考试失利，对女儿打击甚大，压力前所未有。如果说"过山车"之前她是努力的，那么如今的状态可谓之"拼"了。因为我的捣乱，她才没能头悬梁、锥刺股。

又面临考试了,全市统一的模拟考,不论是精神上还是战术上都不能懈怠。她起得更早了,晚上迟迟不肯上床,竭尽全力、誓要雪耻的样子。

可人不是铁打的。状态好那自然精神抖擞,疲惫的时候可就由不得她了。

这天晚自习回来,她像往常一样,一屁股坐到我对面,喃喃地读书。我循着读书声,潜入散文世界。不知过了多久,读书声没了。我抬头一看,好吧,那颗不肯认输的头颅,像鸡啄米一样往下磕。

我说:"困了就去睡吧,别太辛苦了。"

"不,我不困,还没复习完呢。"她睁开眼,晃晃脑袋很坚定地说。

我从来不打击人,也缺少专断的魄力。再说冷暖自知,不肯睡一定有她的道理,我说:"好吧,想睡就别撑着。觉睡好了,才有好状态。"

继续,我们各读各的。

渐渐地对面又没了声音。一看,果然又瞌睡上了。我拿过水杯喝了一大口水,煞有介事地漱漱嘴,然后用劲咽下,发出一定分贝的声响。

夜深人静,一点声音都显得张扬。

她被我惊醒,猛一抬头:"妈呀,怎么睡着了?"

"你行吗?丫头!"我故作轻巧。

"没事,我再坚持一下,"她重整旗鼓,"把这一章看完。"

我望了望她。她看出我的央求,说:"跟你说了,我再坚持一下。要是困了你先去睡吧。"

"我还好。你把握好自己,睡觉并不是浪费时间。"我一边应承一边怂恿,然后摘下眼镜,揉了揉眼睛。她没搭理我。我也低头,继续。

我也撑不住了,一会儿就打起哈欠。夜深人静,一个长长的哈欠声音巨大，惊动了自己也惊动了她。她睡眼惺忪地看着我，好像被我吵醒了。

我很纳闷，母女俩差别为何这么大呢？她犯困悄无声息，我犯困就惊天动地。我不好意思地鼓动她："睡吧。"

"不睡。"

"已经这么迟了，可以睡了。"我不厌其烦地说。

"不，我不睡。"她果断拒绝。

"为什么呀？你一直在睡觉，却说你不睡。"我不再婆婆妈妈，而是险恶地说出真相。

她惊诧地望着我，然后嘟着嘴："讨厌，拆穿我……好吧，今天就这样吧。"她边说边合上书本，不甘又无奈地站起身。

我赶紧起身朝房间走去。被窝暖暖的，电热毯早就热了。

说好的雪呢

昨天傍晚又下雪子了。虚无的空气寒凉而具体起来，它钻进衣袖、领子，无处不在地耳提面命。唯有雪的使者，可以这般任性。上周天气预报中的雪，也是这样噼噼啪啪下掉了。

农谚有"瑞雪兆丰年"，说明不害山川、增益田畴的雪是吉祥的，让人们不分阶层、不论大小地，对雪有一种由衷的祈盼。天气预报里老有雪的消息，坚忍的我们跺着脚、缩着脖，翘首以待。

今天早上，闻鸡起舞的女儿，起床头一件事就是掀开窗帘看雪。没有！她再也忍不住："一直说要下雪，怎么还没有下呢？"如此关心，看来功课没把她变成呆子，也佐证了人们对雪花、对晶莹的童话世界始终免不了迷恋。

我岂止迷恋，失望之余，还忍不住腹诽一番。

没有雪花的冬天还算是冬天吗？忍受诸般寒冷，不就盼一场雪来补偿？雪子几次三番地探路，所为何来？

朋友圈里，湖畔诗人丽敏的雪景图新鲜出炉——雪花已经到达黄山景区。也就是说，尊贵的客人已经到达村口，然而它止步了。或者说，雪花频繁地眷顾景区——人间仙境，就是不肯下嫁到凡尘，使我们近距离地遥想着、妒忌着。踏着湿答答的泥水，顶着格外凛冽的寒风出发，风里已充满雪的清新。

我更期望，我珍贵的校园生活能烙上雪的美。

学校的家，前窗对着校园的主干道，还有楼宇和花草树木，可以眺望学校后门和食堂前的公园。每当上学和放学时，路上都是步履匆匆的少年。周末休闲时，我喜欢站在窗前，观察居家人群的活动。

我的后窗在厨房。窗外是问政山下山的小路，上行的拐弯处有古老的文公井。顺势伴着潺潺的溪水，从春到秋传递着流水的琴声。进入冬季，流水声若有似无。路的那边是居住区，临路的围墙下有一畦窄长的菜地，作物依照四季变换而翻新。早上把面条下锅，我通常有三分钟，用来张望路边的蔬菜和路上的行人。

我为什么要细细介绍这两扇窗？

一场场冻雨敲着边鼓，使我渴望一场雪事，这样的窗外需要雪花的关照。

推开前窗，没有看见苍莽雪色，没有雪地杂沓的深深脚印，没有瑞雪压枝的咔咔声，亦未见积雪簌簌、玉柯弹跳的动态美，该有多遗憾！

少年们神采飞扬地在雪地上大踏步，或者趁课隙三五成群打雪仗。水杉的瘦枝变作玉条，尽显意态美；偌大的香樟树冰雕玉砌，让校园俨然广寒宫；龙爪槐换上洁白的盖头。

没有这些，校园的圣洁之美向何处寻？

后窗的雪晨，要有荒寂之感。传来下山人独行的空谷足音，路面留下两行深深的脚印；栉比的房屋，顶着洁白的毛发胡须；那畦青菜盖上被子后，一定睡得香甜。雪化之时，流水携着问政山的浅唱，用山竹的空灵洗濯俗世的烟尘……

没有这些，古老学府的静逸又如何读取？

侧　影

早晨上班，行至河西桥头。

为了保护桥体，桥头安置了两座石墩，限制大型车辆通行。每行至此，我们都降低车速。前面那辆灰色的上海通用，慢慢滑行到石墩前，却停在了那里。

一位踽踽独行的老人，颤颤巍巍，在车前挪动。我立即刹车，停在通用汽车的后面。看着老人艰难的体势，心不由得抽紧。他是要从公园一侧去茂荫广场的，不宽的桥头对他来说却是山长水远，危机四伏。他挪到通用汽车的正前方，被车子遮挡，完全看不见了。

虽然赶着上班，然而我想：不急，老人家，您慢慢走。

出于本能，我机警地察看前后左右，生怕某个毛躁的家伙横冲过来，老人虚浮绵软的肢体禁不住任何惊吓和碰撞。终于又看见他了，他成功地绕过了车头。通用汽车向前滑去。

他右手拄着拐杖，左手提着一只手袋，很努力地走着，好像去办什么事。

我视线不敢离开。还好，车子不多。

终于，他靠近人行道了。确定他安全的刹那，我心头一松，鼻子一酸，眼泪夺眶而出。

曾几何时，我已经不能旁观龙钟老态。

我不清楚他走了多久，他似乎用了很长时间，让我不由自主地担心他的安危，想要做他的护卫，如果有人对他不利，我将立刻冲上前去；他又似乎用了很短时间，让我来不及控制这份震惊，应对突如其来的心理冲击。

这个老人的侧影，其实是一群老人的侧影。

父亲今年八十五岁了，行动越来越迟缓，身体一年不如一年。每每他状态不佳，我都有一种深深的歉疚感。他的老与我有关，我曾让他殚精竭虑，曾让他牵挂担心，然而我没有办法阻止他老去。

我越来越不会与相熟的老人寒暄。曾经健硕的他们，换了一副衰败的样子，我不能假装没有看见。我惧怕岁月的审判，这审判太严酷，让我们无力回天。

他们是新中国第一代拓荒者、工程师、教师、公仆，新中国第一代工人、城市建设者、铺路人……我们写下的第一行字是他们或他们的学生教的，我们初入社会，学到的技能和经验是他们传授的；我们的车站、机场、无数的桥梁和高楼大厦，还有这美丽的花园城市，是他们夯下了基石。

当生活变好了，他们却变老了。

当世界变美了，他们只能天天守着空宅；当天南地北的果蔬美食汇集而来，他们吃不下了；当我们骑上摩托车、电动车或开上小轿车，他们只能步行，而且非常缓慢。

如果见到这样的老人，请你对他说："老人家，别急，您一步一步慢慢走。"

干脆面

学校最近流行一种干脆面。

当女儿带回几袋时，我又新鲜又诧异。这个老朋友，好多年没见了。

她小时候特别爱吃干脆面，小嘴巴咔哧咔哧不停地嚼，直吃得粉末飘洒，满室生香。吃多了她就不爱吃饭。方便面的营养和添加剂都是颇具争议的话题，她不管不顾，还本末倒置。我自然少不了声色俱厉地呵斥和阻挠，还屡屡给家人下禁买令。为这女儿没少哭鼻子，被逼急了，就跟我闹。

一切革命和反革命都不容易胜利。这鸡飞狗跳的场景，在我们家持续了好几年。

中间有很多年她是否偷偷地吃，我不得而知。也许她早就吃腻了。总之，对干脆面的记忆，我还停留在她的童年。

女儿兴奋地说，这种新出的方便面在学校可流行呢。"是很火，很流行。"女儿强调了一遍，以表示自己只是未能免俗，期望我理解。

我只能笑笑，不置可否。她已然长到这么大，当年很多担心已经不攻自破了，我自然不会像当初那般歇斯底里。

无独有偶。那个周末的课间，我看见几个大男孩在啃这种干脆面。大嘴巴咔哧咔哧，我不禁一笑，这人高马大的一群，是大人呢，还是小孩子？

今天下班迟了，女儿已经吃好晚饭在做功课。我寻找食物果腹，她忽然说："我请你吃一包干脆面。"

"啥，干脆面？没说错吧？"我想也没想。

"你们大人不要那么严肃嘛，不就是一包面吗？很好吃的。我的意思是，你不妨尝尝。"女儿对我的顽固很不屑。

也真奇怪，她说了这话之后，我在那琳琅满目的食物堆里，真就找不出愿意吃的食物来。最终，我拿过了那包面。女儿跟我介绍，说这面和小时候的不一样，不用调料，却更好吃。我打开袋子，照面饼就咬下一口，这面又细又脆，味道果然鲜美。

"老妈，干脆面不用吃得这样野蛮，掰成小块再吃。"女儿专业地说。

"野蛮？吃方便面还要文明？"我有点挂不住脸，毕竟我没正经八百地吃过它。我遵照指示，捏碎面饼，用兰花指拈出一块送进嘴，果然文雅了许多。

女儿上晚自习去了，留下我一个人嚼着脆脆的面。嘴巴里咔哧咔哧，我禁不住笑起来，问自己：现在的我是大人呢还是小孩？

五分钟

"如果没有这五分钟，日子就完美了。"盯着灰暗的虚空，我总结道。

女儿立马接茬："就是，这痛苦的五分钟啊！生活原本多好。"

早上起床，我们通常需要十五分钟。前十分钟只是预警，可以心安理得地赖着，是黎明前的黑暗，黑暗中的挣扎，痛并窃喜着。暖暖的被窝使人留恋，就算情人的怀抱也没这样迷人心志、醉人魂魄的。

挨到第十一分钟，再也没有赖的余地。怎么办呢？今天早上，就有了上面的对话。

"我们起来吧，怎么样？"我通常这样与她商量。

"嗯，再等一分钟吧……眼睛睁不开。""头好昏哦，是不是要生病了？""我是不是感冒了？"得到诸如此类的回应，女儿的狡猾可见一斑。

"还是你先起吧。我们中老年人起床是不宜太快的。"我也有点恬不知耻。

虽然有一句没一句地搭话，人还是并排躺着，四肢都动弹不得。时间一分一秒迅速溜走。终于，女儿咬咬牙起身，开灯，穿衣。有英勇就义的悲壮。

我也只好掀开暖暖的被子，起床，穿衣，冲进厨房。

老天为什么要给我们种下赖床的病根？我们的意志是这样薄弱，使早起这般痛苦。

但是前段时间，女儿却"抛弃"了我。

段考失利，她憋着一股劲。听到起床闹铃，她就默默地起床穿衣，把我遗弃在床上，独享这痛苦又漫长的五分钟。一会儿，读书声便从客厅传过来。

闻鸡起舞！

四肢还散在床上，我催促着自己："起床！起床！读书人还饿着肚子呢。"

要是没有这五分钟，该多好！

家长来兮

高一高二已经放假，仅剩高三学生了。水杉的叶子终于落尽，呈现出诗意的萧寒风骨。进入寒假的校园更加清静淡泊，好在今冬最严厉的寒冷已经过去。

这天，女儿带回一份邀请函——家长会。

读完之后才猛然意识到，这是高中第一次家长会，想必也是最后一次。"还用说吗，只有高考才值得开家长会。"女儿好像洞察了一切。

我没有接话，在想：这是我作为家长的最后一次家长会吧？

因为住在学校，平日在校内的一切都是私人活动。这次可不一样了，唯一的"公干"——遵照学校的安排。早上出门时女儿叮嘱："妈，注意时间，千万别迟到了。"她的不放心，说明她很重视。

家长会第一程序，安排在邻街的文化馆，全体高三家长的大会。大会结束，家长返回学校，各自进入孩子的教室，参加班级会议。老师特别打招呼，让家长坐在自己孩子的座位上——名曰"体验和感受"。我对学校的安排，生出了一些感激。我们母女相处融洽，在生活中经常交换感受，唯独她的教室体验不能传达给我。

正如你所想，这是高考预备会议，贴心实用的考前宣导。但真正打动我、让我想记录的是议程以外的细节。功夫在诗外，我宁愿相信这是校方的组织艺术。

比如偌大的一个文化馆，坐得满满当当，使我第一次意识到家长阵容的强大。当大家从两侧、各扇前门鱼贯而出，走向同一个方向，是"家有考生"把我们像苎麻一样搓成一股绳。

从文化馆到学校，中间是一条不长的巷弄。

刚进入巷子，就有人招呼我："阿姨好。您出来了？"女儿的同学，一个活泼的女孩子，挤在人群里连蹦带跳地叫我。

我纳闷地问："你怎么在这儿？"

"来接我爸妈，嘻嘻。"她开心地笑着。

为给我们腾地儿，他们提前放学了。我挤在人群里，顺人流往前移。不断有同学迎接过来，都一副开怀的样子。看来校长说得没错，高三的孩子逆反之势趋缓，愿意和家长亲近了。

待到拐弯处，看得更真切了。整条巷子家长汹涌，一直向学校大门波及，我的身后还有长长的队伍。

"妈，妈，我在这边。"传来女儿的声音。

我不解风情："什么啊，难道怕我走丢了，还来接我？"昨晚她已详细描绘了她的座位。

"母亲大人，女儿接驾来迟，哈哈。"这家伙嬉皮笑脸的。

"哪儿跟哪儿呀，这里，我无比熟悉。"天天在此生活，我与其他家长是不一样的。没在意这是她的一种姿态。

一群"老孩子"公然坐在孩子的座位上，屏息聆听老班（班主任的昵称）的"教诲"。作为历经沧桑与世故的社会人，开家长会果然是一项难得的体验。我和同桌的妈妈坐在一起，却发现抛开机巧的大人是如此木讷，约莫一小时的光景，复制不出孩子们的亲密。

从教室回到家，只一会儿工夫。女儿在客厅学习，这情形，跟她平日回家时我的状态没什么两样。她向我描述："老妈你知道吗，在巷子里，看见你们一大群爸爸妈妈——向我们席卷而来，那个场景真壮观。"

这不正是我的感觉吗？

"你们出来迎接的样子，也颇有地主之风啊。特别是你……"我不由得夸赞。

我对受到的礼遇虽然后知后觉，但毕竟还是领悟了。

开　学

因为家有考生，今年春节简洁而安静，是我一直盼望的样子。女儿也摁下年轻好动的心，过了她史上最短的一个寒假。

正月初七，春雨霏霏，空气潮湿却不清冷，是酝酿一场复苏需要的气候。我们从家里出发，约莫四十分钟的路程。女儿接通老习惯，上车就打盹，为晚自习养精蓄锐。其实我们的状态并没改变，开学亦像周末返校。

行李太多，跟学校的保安大哥说明了一下，他就开启电闸，许我们直接驶入校园。往常我们是大包小包提着走进去的，我经常和女儿调侃，说自己是大自然的搬运工。

卸完行李，女儿就搬书去了教室，我依照规矩把车停到大门外。那里车辆已经不少，看来我们并不是最积极的一对儿。这时保安大哥笑了："新年好啊！快解放了哈，最后100天。"

我反应迟钝，一时没回过神来。他补充了一句："替你高兴呢，要解放了。"

"是哦，是哦，日子过得真是快。"我忙应承。

今天只有高三开学，想必今天到来的家长都得到了他特别的问候。

那天在家长会上校领导就说过："今天距高考还有120天。等到年后开学，就剩100天了。"当时除了佩服校方的用心，我并没有其他感觉，现在猛然听到这个数，不由咯噔一下。

一件重要的事，真的要来了。

我的搬运工生涯快结束了。像保安大哥说的，应该高兴，而我却笑不起来。

我们母女俩现在的状态是我一直想要的。

这个校园亦让我甚为喜爱。这安静、纯粹的环境，远离声色犬马、世俗纷扰，适合静修。九个月的寓居，让我如鱼得水、自得其乐。喜静的倾向变本加厉，有了那么点遗世独立的味道。

我与保安大哥说了再见，往学校深处的家走去。触动于最后的期限，不由得左顾右盼起来。

校园很安静。

两幢楼房之间，一株巨大的玉兰正在绽放。娴静，素雅，不动声色地繁茂着，花朵密密地团在曲干虬枝上，那样丰美，使别处的玉兰无法与之相比。公园和街边无处不在的玉兰，都是它年轻的儿孙辈。

另外两株高大的玉兰，护卫在教学楼后的坡道边。抬眼望去，是两团密实的白云直插天际。坡道的上头有古老的明伦堂。年年岁岁花相似，岁岁年年人不同，明年此时，我只能在"凡间"遥想它们了。

樱桃花在细雨中不动声色，晶莹的水珠挂在花瓣上，含情脉脉，仿佛睁着眼睛探望这一切。粉色的茶花，已经从巅峰状态走下来。

花期短暂，才让四季显得绵长。这校园的三个季节，我们已经一一经历过来。现在，我们进入了校园的第四季——春天。

其实，四季也是短暂的。

童子功

徽州有句土话——"老来学木匠"。据我私下揣测，这话中有叹惜、嘲讽，还有一丝恨铁不成钢。主旨是讥讽人们发奋不趁早，吃苦在后头。老来学木匠，近似于吃力不讨好、白费功夫的活儿。

可是最近，我开始学写毛笔字。

我的老师告诉我，学毛笔字在古人那儿只是童子功。他们练好了，在一辈子的谋生、读书中应用，跟吃饭使筷子一样。

我的筷子就使得不好，真是羞愧。一代又一代层出不穷的硬笔，又造就了我如今要把毛笔字当一门艺术来追求。这是时代的进步还是倒退？总之，在这个用电脑书写的时代，我"老来学木匠"，居然是练童子功！

我其实很幸运，成长路上从没缺过鼓励，使愚笨的我一直没敢松懈。这回命运又给了我一位难得的老师，他对传统文化涵泳至深，看待事物犀利透彻。他的指导我坚决执行，让练童子功，是把我往传统文化的怀里狠狠推了一把。

也是一项最根本的改造，使我不能再把传统文化当祖宗的遗物来缅怀。

女儿上晚自习去了，距她回家还有四个小时，有充足的私人空间。我干完简单的家务，书也看疲了，就走进书房，一笔一画照着字帖写大字。浓稠的墨汁在我严格的支配下，变成一个个拙劣的方块字。幸亏那一杆毛笔不再像儿时那般不听使唤。

小时候在农村，大约三年级以后，我上过大字课。那时我刚用惯铅笔，抬腕抓拿毛笔的小手软弱无力，笔头落下去，即是墨团一块，没得商量。想要画成横或竖，只好用墨块来叠加。语文老师为了安慰我，常给其中的某个字用红笔画上圈。望着歪七扭八却得到嘉许的字，我似乎明白了，大字写得好不好其实没人在意。

当然也有乐趣，就是不慎把墨汁画到小脸上，小伙伴都会开心，倘使弄到衣服上也不影响快乐。那时的形象意识还没启蒙。

写毛笔字的课在一阵哗然中开始，不久便在一片嬉闹中结束了。但留在印象中的毛笔相当不好对付，致使后来生出过画画的念头，也因为对毛笔的惧怕而转向了油彩。那油画笔，比毛笔扎实、听话。

听说毛笔字要写得经看，约要十年功夫，与古人十年寒窗对应。古人苦读之后，若是参加科举考试，一手毛笔字的好歹往往对命运起到至关重要的作用。好字配上好学问，好学问再配上好人格，是传统文化所推崇的。

古人的基本技能今天被称作艺术，足以说明今人的虚弱和浮夸。随着智能产品的普及，像我这样不用笔写字的人越来越多，拿笔之人就凤毛麟角了。人生过半，说老，一切都还来得及；说年轻，又没了"与时俱进"的胆气。在这当儿，开始一场拾遗补缺倒是合适。难怪老师坚决地说：不要再等了，再等你会懈怠。

老师是对的，人一旦懈怠就像吃了麻药，容易失去敏锐的感知。况且随着女儿高考临近，我的生活也将改变。这时创建一个新的规划，化漫无边际的虚空为补益，对我甚是重要。如果还能对传统文化的认知有所帮助，那就不亦快哉了。

话说了一箩筐，还得平心静气从头练起。对我们古老的文字，用一种虔敬和笨拙的方式，细致而郑重地书写。也许，老来学木匠不失为一项谦卑的、古老的修行吧！

吃什么

随着女儿功课的吃紧，我们的相处越发简约了。好在周末她有一丁点儿休息时间，可以成全我们的交集，顺便再制造些生活的浪花。

这点间隙很宝贵，我们可以一起犯傻，一起嘲笑自己的生活。

因为气温低，家里冰凉的水果无人问津。女儿的脑筋比我灵活，上次她就建议："我们买些新品种试试吧。"于是我们千挑万选，买来一种水灵无比的水果，哪知吃起来也水水的没什么滋味。我们相视揶揄："看吧，这才是真正的'水'果。"

一选就错，我们的水平很烂。

知名面包连锁店，如自家面包坊一样时常出入。终于有一天我们同时发现，这像空气一样缥缈、像棉花一样干涩的东西，口味单一，难以下咽，吃了总要闹饥荒，营养还少，为什么还要吃它？女儿肯定地说："因为我们傻呗。"

周六不上晚自习，她又想干点什么，思前想后，决定和我共进晚餐。我是老江湖，受到眷顾还不忘先发制人："好，吃什么你来定。"

十几年来，她像饿死鬼投胎，总是吃着这一餐问我下一餐吃什么。我的回答常常令她不满意。多年的卧薪尝胆，我终于能把难题踢给了她，既是权力下放，又是对年轻人的培养，真是一石二鸟。

"女儿，晚上我们吃什么？"傍晚时分，我得意地问她。

她若有所思，沉吟良久，最后说："到街上再看吧。"选择果然使她为难，我更加得意了。

小餐桌的伙食很好，学校食堂也不赖，我们一起上街，无非是寻找不一样的味觉。

最后，她决定带我吃麻辣烫。

她有点心虚："垃圾食品，偶尔吃一顿没事吧？"

我忍住不发表意见。既然放权了就要服从，我是有操守的。再说这条街上的风味，三年来我早已心知肚明。做一个正确的选择不容易，而做出错误的选择就更为难了。

各自烫了一筐蔬菜，我们津津有味地吃着。不由想嘲讽自己，放弃正统的营养餐不吃，跑出来斋戒茹素。吃罢不由自主地绕道又去了那家面包店，勉为其难地挑选，又是一番爱恨交织地叹息。

拎着面包返回时，我们顺势拐进了水果店。老板热情地介绍新品种。我们一边应承，一边相视而笑。吃一堑，长一智，这回我们买了不少惯吃的品种。

日子就这样，在挑剔与选择中度过，又在妥协和将就中流逝。有时候，选择是想打破常规；有时候，妥协是对老习惯的保护。

焦　虑

刚迈进100天的门槛，某人的情绪就在不知不觉中发生了变化。

整个春节，女儿都没敢松懈，延续了在校时紧张有序的状态。开学返校，迎面一场考试，并没掀起多大紧张，考后她也没有患得患失。我暗暗称赞，丫头越发应对自如了。

考试结果公布，成绩稳住了，心境却没稳住，是我始料未及的。当她告诉我，想到高考临近忍不住哭了的时候，我的心突地一沉。也许考试后放松了警惕，让高考将至的紧迫占了上风，情绪中的压抑和畏惧满满地往外冒。焦虑是能传染的，她的变化让我找不着北，除了叫她放松，说不出任何宽慰的话语。什么样的老生常谈，能让压力瞬间消失呢？

高考的冷峻凸显了出来。

校领导在家长会上一再提醒，高考是焦虑重灾区——家长焦虑，老师焦虑，学生更焦虑。闻言莞尔一笑，我是这样笃定，女儿阳光开朗又大而化之，才不用担心呢。哪知却在这儿候着。担心学习不得法，担心应考失常，害怕焦虑会影响学习，因而更加焦虑了。我也无法像原先那样理性分析和乐观开导，刚有的窃喜和欣慰霎时间烟消云散，只剩下心疼了。

一连数天的低落情绪使她说话少了。生活上开始不拘小节，一套外衣穿三天不换，储备的零食也无暇问津，一副废寝忘食、破釜沉舟的样子。周末饭后散步时，她才缓缓地说起："班上的同学真是拼啊，下课都不休息，拼命做题和背课文，搞得我也紧张起来。真是醉了。"原来是考试之后同学们仍然拼命的状态影响着她。"原先爱瞌睡的同学现在都不打瞌睡了。"她向我描绘。

这是新学期最显著的地方。

她受到了感染，然而这强度是她没有经历过的。

连绵的阴湿天气终于过去，女儿的心情有所好转。也许她逐渐适应了紧张的氛围。上班路上，紫叶李在阳光下举着粉粉的花瓣，洋洋洒洒，娴雅地伫立着。柳树绽出点点新绿，菜花开始在田畴、山坡上开放。春天的正味一下子浓了起来。好友打来电话："阳光正好，菜花已黄，周末出去游玩吧？"

我想都没想就搪塞："实在走不开呀……"

好友知趣，我便不须再费唇舌。为了陪读，摒除一切干扰，她也许更加敬佩我的不遗余力。其实我是没有闲散的心境，胸口好像被什么堵住了。

除了按部就班，对其他事提不起兴趣。

我想我也焦虑了。

白　雾

　　一连几天阴雨，整个徽州都泡在了水里。这两天天气开始闷热，家里屋外水汽久聚不散，人也湿湿的活跃不起来。

　　离开学校去上班。驶上河西桥，只见西干山麓笼罩在连天浓雾中，河面雾气升腾，滚滚地要漫上桥来，桥两侧的景物影影绰绰，掩藏在巨大的虚幻里。行驶在这样的风景中，容易生出感触。

　　昨晚，我坐在窗下临帖。雨噼里啪啦下个不停。窗外一阵骚动，我知道，晚自习结束了。

　　女儿没像往常那样咚咚敲门，提示我开门迎接，而是迅速打开门径直冲进书房："妈，你看看，今天做的卷子，错了这么多！"她抓着一张试卷在我眼前用劲一抖。我定睛一看，是没及格的光景，才"哎哟"了一下，尾音还拖着，就见她神色一变眼圈一红，要哭泣的样子。

　　说实话，这种气急败坏的样子我见识过，不过是在很久以前。

　　小学一年级的某天，她放学回来，见到我的刹那脸色大变，哇的一声号啕大哭。她控诉，老师表扬了很多同学，却没有表扬她！

　　昨晚那番痛心疾首让我看到，信马由缰多年，那个执拗的孩子回来了。

　　按理我该感到欣慰。我一直相信，年幼、不谙世事时的流露更能说明秉性的倾向。我断定她有潜质，也是凭着她当年好强的性子，迷迷糊糊了很多年，当她全情投入这场征战，我却轻松不起来。

"我要告诉自己，我还差得太远，太远……"控诉了自己的混账，平静下来后，她敲着卷子跟我说，掷地有声。这张倒霉的卷子，已经被死死地贴在客厅的白墙上。悬榜通告，以儆效尤。

这又是生活中一桩巧妙的对应。

家里的书房墙上至今还贴着一张白白的纸——她的保证书。那是初二时，成绩一再下滑，我命她写下的，保证短期内把成绩搞上去云云。贴在墙上作为警示，却一直没发生效力。如今它就像一张旧照片，记录着一段纠缠又迷蒙的岁月。

当我放弃专制承认个性差异后，她却接过鞭子时常敲打自己，于是临时的家有了这张奇特的告示。我不知道它会贴多久，会发生怎样的效力，现在用文字把它记录下来，但愿它也成为一种见证。

这张用红色水笔批阅过的纸张，就像眼前白色的雾气，使人迷蒙，看不见道路的尽头。

道路的走向，却越来越清晰了。

说说信仰

一对二十岁左右的年轻人与我擦肩而过，轻轻飘来的一句话却如雷贯耳："我们中国人本来就没有信仰……"不知道什么话题引起，是忧国忧民还是鄙薄嘲讽，也许是在为自己"随大流"找借口，我无从得知。

"国人没有信仰"这样的言论，不知从何时起，由何肇端。从媒体播散到公知言论，频频被提起，街谈巷议、朋友聚会中，它也振聋发聩。

这是一个多么庞大的指责啊，这又是一个多么庞大的被指责！

一开始我很受震动，对指责者肃然起敬。后来听多了，发现它只是一句故作高深的流行语，渐渐地生出一种厌烦情绪。无效言论，说多了是一种侵害，听多了是一种悲哀。我们哪有时间和精力用来如此挥霍？

曾经，一位刚走上社会的大学生跟我说："中国人没有信仰，我们国家跟西方没法比。"她没说为什么没信仰，也没说哪些方面没法比。我想即使她想说，信仰问题漫无边际，差异事项多如繁星，我们都没有这个气力——诉说和倾听。

我当时如鲠在喉，找不到够分量的言辞来与之颉颃，又不想随声附和，于是只好说："我们做好自己，我们的下一代一定会更好。只要大家努力，会比西方进步得更快。"

大学生惊讶地看着我，显然我太较真了。

我确实是较真的。

与西方没法比。近年来，这条舆论与信仰话题一样甚嚣尘上，三人成虎，普遍压抑国人的自信——我们的精神与物质都不值一提。只是这庞大的抱怨中，并没有发现痛定思痛，亦找不到一点自我反省。这庞大又狭隘的抱怨！

岂知西方文明也是在巨大的废墟上建立起来的。他们同样经历了黑暗、战争和冲突，从工业革命到政治革命，走过多少痛苦的历程才有了今天？

而他们的今天，也是捉襟见肘、需要朝乾夕惕不是吗？有着不同的历史背景，在不同的发展阶段，盲目攀比就像穷困孩子硬要"拼爹"，那只会嫌弃自己。

从来就没有一蹴而就的文明。

差异如此巨大，我们应该时刻铭记并真的去努力。我们抱怨，是因为不幸生活在变革的过程当中吗？我们只想做树下乘凉的人，而拒绝种树？

我们习惯用消极和抱怨来掩饰内在的虚弱和怠惰。在面对抱怨的年轻人时，我猛然意识到，我们的抱怨跟其他优良传统一样被完整地继承了。也许他们在成长中吸收了太多抱怨，潜意识里种下了怨尤的病根，一旦心有不快，负面情绪就占了上风，滑进抱怨的队伍。

是的，抱怨是一种病，它通过言语和情绪来扩散。我们稍有不慎，便成为病毒携带者。

回来说说信仰。从庞大挖掘到具体，是我们每一个人。如果我们每个人建立了自身的信仰，还要说没有信仰吗？如果我们肯于努力，还有时间抱怨社会的落后和贫乏吗？

信仰是个人意识行为，不是靠媒体宣传或口诛笔伐就能得到的。我们站着指责历史和虚无，不如先向内心求索，问自己是否做好。如果没有，安静地坐下来修正自己。当我们变得让自己满意，再去影响身边的人，或者互相影响。更要紧的是把自信和乐观传给我们的下一代，下下一代。在积极乐观的氛围里成长，他们会更聪慧和饱满。我们嫌恶的情形还能不改观吗？

不管经历多少痛苦与迷失，最终要想办法走出迷局。

一味抱怨和指责，并没有尽到社会人的责任。当你有信仰，你当不会这样指责，因为你知道这不是事实。

当你没有信仰,你怎好如此厚黑,开口指责?

也许你的遭遇告诉你,有些人确实没有底线,这只是个别现象,请你诉说的时候一定带上主语,别让个别消灭了全部。

为了我们的下一代,停止鹦鹉学舌人云亦云吧。也许你说,我仍然坚持这是真理。那么恭喜你,你有信仰了!你信仰了无信仰说,你信奉了自卑情绪。

问政笋

在皖南吃过春笋的人,一定听过问政山的美名。

不管桌上供着哪座山的笋子,主人都会谦卑地交代:"我们这里有座问政山,那笋子最好吃。"如果吃的正是问政笋,你可有福了,主人会底气十足地往你碗里夹送:"这可是问政山的笋,难得吃到,多吃点,多吃点……"

问政山的笋子到了人人喜爱的地步,你可以想象其美味的境界。为了吃笋,徽州人寒冬腊月宰了猪,头一件大事,就是取肋条肉腌制。当脆生生的鲜笋遇上半风干的腊肉,炖出浓浓的汤汁,徽州人的家笼罩在绵绵的鲜香里。

等我家也腌上肉,我已然是一个食欲旺盛的大孩子了。春天多雨水,为减少出门的不便,一到春笋上市,母亲就煮上一大锅腊肉炖笋,充当几天的主菜。这主菜百吃不厌,大快朵颐之际,见多识广的父亲总要说:"歙县有座问政山，山上的笋子鲜甜水嫩……"父亲的念叨缥缈又诱惑，使我吃着美味的炖笋，仍然要垂涎它。

当然，我只是小巫。听说南宋时期，古城的老前辈出门经商，随船炖了这道美味，香气四溢，一路飘到杭州城。惊动了皇帝老儿，他一声令下，问政笋成了贡品。

极偶然地，有人送来几根真实的问政笋，我们家的春天就格外幸福了。在物资交换不发达的年月，它脆甜细嫩的口感，不仅补偿了我们多年的愿念，还在没有问政笋的春天频频被回味。那位送笋的朋友因此被想念很多年。真羡慕那些在古城有亲戚的人，每年春笋上市，他们都乐于被召去吃问政笋，吃完了抹抹嘴，还可以提一兜子回家。

现在，我竟然陪读在问政山下，天天目睹问政笋下山的情景，这是当年不曾梦见的。对它过分的关注，使我怀疑自己将女儿带来读书的动机。至少对问政山的好感，更多源于这大山的宝物。

春季万物复苏。当地面上的枯草丛中冒出一层绿油油的新苗时，山上的笋子在泥土里悄悄生长。湿冷气候一转身，问政山的雨后春笋就争相上市了。我原先就喜欢站在厨房的后窗，观察山农挑担下山的情景，担里装满应季的瓜果蔬菜，他们只要再走上五分钟，就能到达东门头的菜市。这个湿暖的季节，竹篮里的主角换成了笋子，他们的脚步更重更快了。

那天我到达东门头，水嫩的笋子还沾着新泥，散发着淡淡的清香。我明知故问："这是哪里的笋子？"

高个子大妈用浑厚的嗓音说："孩子，问政山的笋呀，你看多白多嫩。"

待她报了价码，我假装老到："贵了，便宜些，我要不少呢。"

"哎哟孩子，好吃不怕贵呀。我就这一篮子，一会儿就没有啦。听我的没错,下回想吃还找我呢。"

我一边打量着壮硕的笋子,一边打量着健硕的大妈。她举止豪爽、言语坦荡,哪里是我印象中的农民?她若换了装,在办公室跟我探讨市场行情或沟通业务,我也得服气。穿行于山林与城市之间的农民,见多识广,我这上班族反而小气了。

不用说,我买下了她大部分的笋子。问政山的灵气,就固化在这白生生的笋肉里。趁着新鲜,我要赶上几十里地,给父母送过去。

气候持续转暖,笋子的供应更充足了。我热衷于购买,热衷于把陪读的福利更多地分发到家人和朋友手中。它原本就是祖祖辈辈爱吃的名菜,如今人力猖獗,多数蔬菜品质没保障,而笋子得天独厚,人们更乐意沦陷在问政笋激发的食欲里了。

连续几天的阴雨终于止息了。早上,我刚把问政笋煮进锅,太阳忽然间升了上来。窗外,下山的路笼罩在一派金色里。一位大爷挑着担子顺着光线往下赶,满满的两篮笋子,沉甸甸的。一位大妈与他错身,迎着阳光上山去,锄头上悬着一只空空的大篮,她完成了一天的买卖,回家去了。

我的湖山

清晨六点,天色初开,草木葳郁。校园很安静,布谷鸟在不远不近的地方一声声叫唤。一只麻雀在道路上一蹦一跳地散步,这个长翅膀的家伙,始终不肯好好走路。

一位同样早起的女孩,背着书包走过去,麻雀一惊,飞走了。

地面上的世界正在交接。等到孩子们充满校园,草木、昆虫和飞鸟,就退居二线了。

女儿在客厅晨读。我为她准备好早餐和水就回卧室了,周末不用上班,我通常会睡个回笼觉,消弭一个星期堆积的困乏。躺下身子,远远地传来篮球的咚咚声。

每天晚上和女儿读书到深夜,她总是强调:"如果困了就去睡,不用陪我。"我不肯先睡,一大堆新书,精心挑选的,我想早点读完它们。阅读让我充实,又赋予我灵感,如果女儿需要,我乐意永远陪下去。我再也不想那个古城计划,游玩变得不再重要。

我抓过手机数日历,这样的周末还剩最后十个。

楼下隐秘的拐角,一大株被弃置的迎春花金灿灿地怒放。玉兰早已谢尽,穿上了碧绿的新装。校园最后一场复苏开始了。水杉抽象的枝干上,绽出了密密的芽苞。昨天,我还惊讶地发现,干枯的紫藤杪部抽出了一枝枝花蕾,若不定睛,很难辨出。

不论外界如何喧腾,事物都在幽微中悄悄改变。

翻来覆去,如你所知,我一直没有睡着。阳光透过厚厚的窗帘逼视过来,突然惊觉,我不能在幽暗中等待老去,今日良辰,我决定起身。

"我只要留心看一看每棵树生长的姿态,听一听鸟儿们在草丛和枝头发出的声音,就会知道,每时每刻,这座看起来很安静的山林都有故事在发生。"

湖畔诗人、太平湖梭罗之誉的丽敏,这样描写她的湖山。

我的湖山呢，我的湖山在哪里？

前有茫茫练江，后有葱茏问政，古老的县城富于历练，我生活在其间。

女儿早已去了教室。阳光明媚，我把大被子摊在阳台和晾衣杆之上，让它收集热量。在阳台坐下来，看书，同时收集热量。楼下有人大声说话，忍不住好奇，起身掀起被子一角往下望去，一位陪读妈妈在晒床垫。

在充满阳光的阳台，我再次坐下。一不留神，滑入了书中的世界。

不要嘲笑我的傻气，我的湖山和我的诗意，全在这充实又琐碎的生活里。

课　题

自从开始写大字，和女儿的交流就多了一项。下晚自习，她通常先来看字，还煞有介事地即兴评论一番。

假如哪天情绪低落，她就对我不闻不问。我当然不肯："人家写得这样辛苦，好歹看一眼嘛。"

她迫于无奈："好吧，我看看……"对于不肯消停的老妈，她知道她负有责任。

我也知道，只要话匣子一打开，情绪有了出口，接下来的气氛就松动了。

这天，她照常走进书房。我正为一个字沾沾自喜，连忙召唤她："看，这个字写得不错吧？"哪知一分神，笔尖一颤，歪了。顺势就补了一笔。她正探过头来，立刻喝止："不能补笔！我们老师说过，要一笔写到位，不能补!"

"我把字形描准了,对结构的理解有帮助……"我底气不足,声音讪讪地弱了下来。

她忍住笑:"看,看,还狡辩不是?跟你说了就注意呗。"这哪是女儿,分明是老师嘛。

"好,好,我接受。下次注意。"怕她恨铁不成钢,我只好服软。再者,生活中经常犯傻,不能少了她的监督。

从得意到出糗只有一步之遥。但关系到进步,谁对就听谁的,这是我们的铁律。幸亏她开始注意方法了,平常以鼓励为主,关键问题绝不含糊,做到了"恩威"并重。好像和我如出一辙。也就是说,这"紧箍咒"更像是我自己念的。

当她夸我写得不错时,满足了我的虚荣,我更带劲了。当她指出我的问题,我诚然接受,她看问题就更加自信了。

我们互为对方的课题,在彼此的赞赏和批评里进步,在相互迁就与鼓励中,一起长大。

清寂之美

又到一年赏花季。皖南已是秀色可餐,桃花红,菜花黄,李花白,穿插在山峦、田垄与村庄之间,使水墨徽州锦绣并热烈起来。

我在数年前过早地消费了赏花的热情。这个春天,我更愿意待在工作和生活的地方,默默地做另一番采撷。

上班的老院落,曾经枝繁叶茂,因为政府拆迁的意念,逐渐变得面目全非。最后一株老桃树上周开花了,黝黑交错的枝头,原本没有一丝生命的消息,没想到稀疏的几朵花一开,如彩墨点染,委婉生动。我恍然大悟,漫山繁密的桃花固然美,然而最动人的还是这凄绝的孤影。

记忆中还有一株桃花,一直没有败过。外边溪弃巷中段,破旧的屋舍前,斜阳浅照,杂草丛生,然而开着一株桃花。

"讶异于一株桃花的安宁,仿佛前朝婉约的女子,柔软的脚步与呢喃的絮语,翩然回顾。"

这是三年前我为它写下的诗句,其他记忆已经跟着那些老屋消失于永恒的虚无,只有这株桃花依然活着,活在每个春光三月。

老桃树的孤寂里,重叠着它的影子。

学校宿舍的楼下有株迎春花,壮硕而茂密,开放得异常绚烂。然而它生长在不为人知的杂草中,花期很长,我关注了很久。我曾猜想,如果主人倾力照顾它,它是否更加灿烂?没想到,很快在上班的路上找到了答案。

因为花事正好,一连几天都遇到那辆三轮车。车上装满了花卉,其中就有迎春花。瘦小的枝干,稀疏的花朵,虽然鲜艳却远非浓烈。也许孤寂是一味上好的营养吧。

今天早上,如有神启,忽然间目光如炬——紫藤开花了!校园的前段,种着一排多年的紫藤。入冬以来它一直是枯藤交错,三天前我才惊喜地发现了花蕾,那么茸茸的小个头,离开放还早呢。没想到中间那株竟然提前开放。浅浅的嫩紫,在灰白天空的掩护下,悄无声息。真正的高贵是不事张扬的。

离开了人类的过度关注，这些花儿似乎更为旺盛。它们除了有天赐的国色，还有令人震颤的清寂之美。

也许，品尝过孤独滋味的人，也会更美。

传　统

仲春的气候说变就变，昨天还凉飕飕刮着阴风，今日就暖如夏初，其间微闷的感觉还透露了炎夏的讯息。校园里春色已经满了，水杉的寒骨穿上了碧色的罗纱，紫藤已经堆积起厚厚的紫色云层，泮池四周的绿植已由新绿演变成翠绿，紫荆花则出现了谢春的模样。

陆地上一派生机。夏秋更迭，花开花落，皆来去匆匆。

泮池内一片安稳，除了假山上的植物在应时而为，冬去春来，始终是游鱼恬淡的世界。

傍晚到校，远远看见门卫大哥站在聚奎桥上，背着手朝泮池里张望。我嬉皮笑脸，随口诌了一句欠揍的浑话："怎么，准备捕鱼了吗？"

大哥忍俊不禁："你想得真美，这鱼能捕吗？"

"怎么不能捕？都这么大了。"我做出一副贪婪的样子，腹黑地接腔。

池子里布满壮硕的大红鲤鱼，定睛一看，还有不少黑鲤。它们带着子子孙孙，首尾相戏，悠闲地在水中摇摆，有一种闲庭漫步的主人的适意。我虽有所耳闻，但关于学校的传统，听不同的人说起来才更有味。

"都是状元鱼，可吃不得。"大哥果不其然："学校出了高考状元，就放生鲤鱼进去。"他不无权威又得味地解释。高考状元的话题，和门前这座三元坊一样，值得品咂。

"这里面投了多少？池子都快满了。"我很乐意替古人担忧。

"那没办法，年份长了，自然就多了，谁还说得清呢。但这是'风水鱼'，再多也不能捕。"他笑呵呵说道。

风水鱼是宝贝。来来往往的家长和游客，他们看鱼的表情也总这样巧笑倩兮。

我当然也不例外。要多少跳龙门的孩子，才凑成这满满的一池啊。

放生鲤鱼的传统，早在女儿高一时，她就传达给了我。她当时的语气，已经对学校产生了明显的好感。在那之前，她和这座县城中学保持着一种人为的距离，时时维护着一个市府来宾的尊荣。她曾是一个倔强的孩子。

然而她有感受力，当得知学校深厚的历史，读懂了那些古老的建筑语言，觉察到学校的与众不同，她便不自觉地把"我们学校"挂在了嘴上。于是我知道了放生池，知道了每年放榜日的焰火，还知道了校内文物的历史和用途。一个有积淀有传统的校园，对孩子的影响是潜移默化的。

那时她上学放学都从聚奎桥上走过。而我每晚无事，就站在三元坊下等她，远远地看着她走来。桥下是状元鱼，这三元坊上，则刻着古代解元、会元和状元的名讳。放生鲤鱼，仿佛三元坊传统的简化版本，一样有着浓稠的传统意味。

这些古老建筑，孔庙、下马石、聚奎桥和泮池，莫不是古代学宫意味深长的一部分。

还有什么比这学校更能体现徽州人崇学的传统呢？

斩尾龙回家

连夜的瓢泼大雨。早上六点，天色仍旧昏黑。离清明还有一天，雨如期地丰沛起来。节气真是离奇的东西。

昨天傍晚，女儿气急败坏地回来了，脚上那双最喜爱的新百伦呼哧呼哧冒着水。她生气老天的善变，心疼校服尽湿，更着急那双鞋。我让她把鞋脱下，一边冲刷一边跟她分说处理的要点，然后把鞋放进洗衣机脱水，才问她："天要下雨是正常的，为什么要埋怨呢？""可是，可是它老在人家放学时下大雨，让人没辙，好多次了。"女儿仍然要追究。这家伙，被逼急了，就打回胡搅蛮缠的原形。

不过像这种湿透的程度，在这个校园还是第一次。

拿出鞋子，并没有想象那么糟，女儿松了口气。"看，鞋子不是挺好的吗？遇事要想办法，可不能怨天尤人。"我看着她。

"噢，知道了。"女儿摸摸脑袋，神色间有一丝羞赧。

老天可不管你方不方便，它变本加厉连绵地下了整晚。我提醒女儿："清明时节雨纷纷。这两天斩尾龙要来上坟，注意防范。"

"老妈你真能扯。"她嘲笑了一声，冒着大雨上学去。还好，这回没有抱怨了。

我可没乱扯，问政山确实有斩尾龙的传说，据说它生母的坟就在山上。

当年，徽州知府夫妇在西湖游玩，乌龙精（斩尾龙老爸）垂涎夫人的美色，使计谋吃了知府，然后摇身一变冒充知府，顺带做了美人的夫君。当然，乌龙精的心意也许相反。不久，代表正义的道士发现了这一切，驱逐了乌龙精，斩杀了八条小龙。临盆的夫人终于不忍，央求他留小九一条活口，就是这条斩尾龙。

每年清明前后，它总是电闪雷鸣、狂风骤雨地回来，轰轰烈烈地为死于忧患的母亲上坟。想来神勇的斩尾龙是地道的徽州孩子，懂礼教有孝道，于是大雨师出有名了。

晚上，我忍不住跟女儿兜出了疑惑："斩尾龙，我从小就听你外公外婆说过，他们的家乡也各有斩尾龙的传说，你说哪个是真的？"

哪知她哈哈一笑："还用说吗？都是真的。每个地方都有一条龙啊。"

出乎意料。我还在腹诽各地前辈的牵强附会呢，问她："那你说，问政山的斩尾龙哪天回来？"

"昨天，把我鞋子打湿的时候。"女儿肯定地说。

哦，原来如此。

性　状

时间真是公平，无论你迟滞还是焦急、慢生活还是急行军，它不偏不倚，不分青红皂白，统统拉进时光机。嗖，一晃眼，距高考只剩两个月了。

春光仿佛也老了。

女儿的心境，经历了焦灼、彷徨和无助，到痛定思痛后的无奈，无奈之后接受，再踏上这条华山路，应考的心也在慢慢变老。

全市第二次模拟考结束了，她宣称已经"死猪不怕开水烫"，放假的两天，要好好放松。放松头一件事，是狠狠地睡觉；第二件事，请我陪她去阿姨家吃晚饭。这孩子，张牙舞爪的，也就这点能耐。

我自然乐于从命，下班后如约往桃源坞而去。同学们已经团坐了一桌，阿姨给我盛好的饭搁在女儿的肘边。饭来张口，我坐下就吃起来。阿姨有人情味，周末来看孩子的家长都可以来就餐，我天天在学校，自然不必过来，过来，她随时欢迎。

同学们你一句我一句插科打诨，释放各自考后放纵的得意。我则像刚报到的新生，聆听多于发言。对面瘦高个男孩的话忽然拽住我的神经："我发现那里长着奇特的植物，性状与别的完全不同。"

"什么，形状不一样？是什么样子？"我赶紧咽下那口饭，不明所以地问。陌生家长的矜持一扫而空。

"阿姨，不是形状，是性状，一个植物学名词。"他很认真地纠正。

"植物学名词？"我彻底混沌。难道他发现了新物种？高三的孩子，还没专修植物学吧？这得多高深的学问才能辨别出不一样的性状？性状到底是什么呀？

"是的，植物学名词。很奇特的，我还发现了很多漂亮的兰花。"他接着说道。

"兰花！"散淡的女儿突然插进话来，"我家就有很多兰花。问政亭有很多兰花？还是第一次听说！"

"是的，一大片。那么多漂亮的植物没有人看，真是可惜。所以我在问政亭下待了一个多小时。"他依旧那样认真。

这孩子真有心哪，有心到让人汗颜！我赶忙请他带我们去看。

匆匆扒完饭，直奔问政亭。校园郁郁葱葱，如锦的繁花已经退潮，各类植物都可着劲儿生长枝蔓和叶片。问政亭区域，是翠竹的领地。

"看，这种草是不是很奇特？"竹林下，他指认一种草本植物。

"呀，还真是奇怪，这白花打着圈地开放，是什么花？"我们面面相觑，草香却是熟悉的。接二连三，四处还有不少呢，我们惊喜连连，一路察看过去，古紫阳书院牌坊下，春风浩荡地开着一大片。

"阿姨，你说这种草到底叫什么呢？"男孩认真劲儿又来了。

"我也第一次见到哇，你真能发现！"说不上来，只好由衷地拍马屁。

女儿心眼活："我们可以百度呀！妈，手机。"说着拿过我的手机，对准那花朵啪啪拍摄起来。百度搜索显示"花"，再拍，显示"一种植物"。"看，百度也不知道！切！"女儿鄙夷地把手机扔还给我。

真的长见识了！

转身处，一大片气定神闲的鸢尾花。"你们看，兰花，宽宽的叶片，多好看。还有花骨朵呢。"男孩受到鼓舞，继续跟我们介绍。

我家的花坛里就有这个品种，女儿眼尖，纠正道："这个才不是兰花呢，叫什么记不得了。反正很普通。"语气里满是失望的腔调。

这时我才意识到，这是一个开始观察世界的孩子，有着一种旺盛又真诚的好奇。只是他的观察带着郑重的研究精神。他指着又青又硬、还开着白花的梦子："看，这个真漂亮，别处没有的。"

我有些不忍，但还是告诉他，这是梦子，我们小时候喜欢偷偷吃的一种梦子，可不知为什么，大人总不让我们多吃。成熟了的它又红又软，还会漂亮百倍。

这时，女儿和她的同伴倚着竹子闲聊起来。她们已经失去惊喜和新鲜，只等我俩结束。

"看，笋子！"他继续发现。刚冒头的笋子，此起彼伏，像一个个大地的秘密被发现。我随着他的指引一路找下去，忍不住嘀咕："为什么只有刚冒头的笋子？"

他看我一脸狐疑，笑了："也许大笋子被挖掉了。"咦，这孩子，看来还食人间烟火。

"那边的冬青树中间冒出一棵樟树苗来，而那棵大樟树却在好几米开外，是它的根伸过来了吗？"他继续发问。

我继续发懵，又不得不使劲想，这香樟苗是籽实落地生根呢，还是根上长苗？

我们这边一问一答，再看女儿那边，话题已经十万八千里。看来人的性状也各有不同。

我跟他倒是很接近。

回到家，赶紧发图片向见多识广的朋友请教，那开着白色圈花的竟是处处皆有的野薄荷。上网搜索"性状"一词，解释是"指可遗传的生物体形态结构，生理和行为等特征的总和"。解释得索然无味，但从字面看，仿佛把我们今天看到的、表现的都囊括了。

路该怎么走

二模后放假，第二天恰逢周末。我和女儿商量好了，睡到自然醒。

其实，我俩再怎么信誓旦旦，也睡不到天边去。要的就是这股豪迈。

这不，九点不到，我就老年前兆一般清醒过来，她也有微微的动弹。我们心照不宣，继续与时光沉浮。

不知过了多久，手机出其不意地响了起来。好友在那边劈头就问："女儿二模结束了吧，你们干啥呢？"

"嗯，我们在歙县。"怕吵着女儿，我压低嗓音。

"你在开会？声音这么小……"她没搞清楚状况。

"开会？"不可理喻，今天是周末！但我话锋一转，"是，是开会。我跟女儿在被窝里开会！"因为得意，声音不知不觉放浪起来。

好友告诉我，离我不远的桂林镇有漫山的杜鹃花，应该带小家伙去看看。一语惊醒梦中人！这杜鹃在近两年突然火起来，我早风闻，但一直没成行。不愧是好友，知道好时光会被我辜负，替我盯着。

美景唾手可得，有什么好犹豫的？我还没侧身，女儿已经坐了起来。

她不是只想睡觉吗？

出发的时候，女儿关心地问："她说的地方，妈你知道怎么去吗？"

"我从小就知道桂林,直接去就是。方向盘在手上,再怎么样都能到。"我信心满到爆棚。

出城,过了大转盘没多远就看见桂林镇地标,必须认真对待了。路在嘴上,前面正好来了一个农民模样的中年男子,把车靠过去。女儿看着我:"问他靠谱吗?"

我哈哈一笑,很坦白:"至少比我靠谱呀。"

中年男人犹豫了片刻,把手指了指对面:"应该左拐,你们开过头了。"

谢过大哥,我得意地瞟了女儿一眼,一边掉头一边传授经验:"看,我问得及时吧。如果再不问,后悔莫及。"

"道理是对,可是他一个农民,会关心杜鹃花吗?"女儿仍然疑惑。

"哈,按说农民不会在意山上的野花,都是闲得发慌的城里人折腾出来的。"我也感慨起来。城里人疯疯癫癫,农民早就逆来顺受了吧。阿弥陀佛,唯我俩不是闲得发慌,我们是来放松的。

驶上大哥指点的康庄大道,望着遥远的青山的脊梁,那至少在几十里开外吧。杜鹃花离那么远?那么远,好友不会这样轻描淡写,猛然想起女儿的话来。

刹住车,我望着她。她望着我,有些揶揄。

拿起手机,我换了一个对象咨询:"路该怎么走?"女儿的大姨,去年她带爹妈去时我还眼红了呢。老姐哇哇地叫起来,好似我背弃了她。叫归叫,指路却不含糊:"不能左拐!笔直开,开过桂林这个村,在下个村口,右边一个不宽的路口,好像是水泥路,进去。记住,路边有树,还有条小河。"

农民大哥的指点完全相反。回头是岸。

"下个村口，水泥路，有树，有河。"描述如此清晰，我念了两遍。一边嘱咐女儿，牢牢记住，按这个标准找路口，一边回到了主干道上。

这条路一直是主干道。从小去绩溪的外婆家，无数次经过这里。一根筋走下去，最糟糕的结局是去看舅舅，有什么不好？我一边开心地想，一边寻找路口。如今的村子，因为发展过猛，这村和那村的界线其实很难辨认。而路口，只要想找，就能找出无数个来。幸好有三条特征，同时符合的总归不多。

右手边的小水渠始终在干旱与潮湿之间，只要等它长得像条小河，我想我们就该拐弯了。

两旁的房舍往后退去，眼前出现一片田野。水渠开始宽阔，一座水坝让水流变得湍急。田野中央果然出现了一条水泥路，路口绿树婆娑。我跟女儿说："瞧，这个路口，符合三个特征。"

女儿显然不满意，冷静地说："我不信这条路进去能有什么风景。"没错，这条路非常简陋，跟情调没丝毫关系。

"可确实符合条件，而且路不宽！"这是第四个特征，我不由得强调。

"这样吧，我们往前到那个村头，如果没其他路口我们再回来。"女儿以退为进。

因为有前车之鉴，我不再坚持。继续前进，又观察了几个路口，都不符合。照女儿说的，返回，往田野中央那条路笔直驶进去。田野尽头，一辆大货车挡住去路。我下车察看，有两个人正在装鸡蛋呢。路在嘴上，我问那两个人："这条路进去是什么地方？"

"这里不能进去，已经到头了。"两人异口同声。

我彻底愣住。根据千真万确的指示，没想到钻进了鸡窝！大狼狗在虎视眈眈，这条十分憋屈的窄路上，我香汗淋漓地掉转车头。不由得恼羞成怒，都说天下的路有千万条，路多了，就是好事吗？

女儿爱莫能助，只能做自我检讨："怪我没坚持，如果再坚持一下就好了。"

不用说，按照饲养大哥的指点，我终于找到了那个路口。那里有一座古老的牌坊，一个古老的水口，有古桥和参天大树，符合一切幽境的特征。一条古老的小河，沿着右拐的道路迤逦而去。

我们最终领略了山花烂漫，也在丛中笑得挺欢。欢喜之余，心底却有一份敬畏，一种心悸。一路上，我们曾有良好的感觉，也曾理性地观察，亦步亦趋地按图索骥，却仍然逃不掉走向歧路的结局。

路，该怎么走？

篆 刻

一位好友看了陪读博客，给我留言说非常喜欢。

没有无缘无故的爱。聊起来才知，他的孩子也来了县中学。同一所学校，同一个阶段，又都喜爱文字，自然有说不尽的相似情怀。他还说东门头有名的特色食物还有麻饼和芙蓉糕，嘱咐我尝尝。可我不是纯粹的吃货，于是他顺便添了一道开胃小菜，弥补信息的单薄。

"中和街上有家刻章店，依旧是手工雕刻。你该去刻一枚，留作纪念。"他郑重其事。

我心里泛酸。分明是老陪读,却没一个新到的家长专业。这条街上,到底有多少宝贝我没摸到?看来人的触角个个不同,我是最鲁钝的那个。

但他说的刻章,抓住了我。篆刻,是传统文化根深叶茂的枝头一颗硕大的果实,与书画艺术密不可分,读书人很难绕开这个情结。我也未能免俗。但是我说,我才学写大字,离出作品还早着呢,刻章未免太矫情了吧。好友提醒,可以刻藏书章。是呀,再没真才实学,家里总有几本寒书,藏书章就可以有了。

他给我普及了藏书章的基本知识。我不由得搜肠刮肚,寻思起名号和篆刻的内容来。那个藏书的闲章,总该有一个风雅的含义。

当一个人对一件事有所期盼,会觉得全世界都推着他去做。

女儿是一个积极的怂恿者。她说:"刻一个吧!省得签名。你那名签得太难看了。"

说啥?难看?儿不嫌母丑!我狠狠瞪了她一眼。

刻章势在必行了。

中和街上那个窄窄的店铺,正好合刻章的用处。只要门脸子上有刻字的标识,门边放下一张工作台就可以了。好友说,这里的低价在市面上很难找到了。在这吃了膨胀剂的经济时代,狭小简陋的店铺和古朴的价格倒是相得益彰,也许街上那些堂皇的大店面,该从这里汲取一点什么。

刻字的师傅也是简朴的。

他一边刻着字,一边回答我的提问,任由我在他身后随意翻拣柜上的石料。因为不懂,我只能挑剔石块的纹理和手感,至于质地,嘿嘿,就超脱了吧。选出两枚合意的,再把想好的内容写给他,嘱咐他朱文白文各刻一枚。我特别强调，要刻篆体。篆书具有庙堂的庄严，更有历史的厚重，三千多年来的印章，始终以篆书呈现。只是逐利的近代，那一枚枚公章私印才与篆文脱了关系。小小的印章，唯用篆体才有所承载。待一切办妥，天色已经暗了。

这世上，又有两块石头成为我的专属。

其实这样的傻事少年时期我就干过。曾经刻过一枚名章，约莫花了十块钱。

当年刚学画油画，同学好心提醒我，该刻个章了。我心领神会，二话没说就赶到有清明上河图之誉的屯溪老街，古香古色地刻了一枚，还配了盒大红印泥。后来才发现，油画落款是用签名，与金石印章没有关系。

我只好束之高阁。后来告别单身，把旧家具搬回了娘家，章和印泥被遗弃在家具抽屉里。多年之后家人发现了这些书画用品，叮嘱我收好，别弄丢了。我淡漠地说，这些东西没用处。母亲诧异之余，坚持叫我带走，好像寻常家庭承受不了篆刻的厚重。

想来，我不着边际的附庸风雅由来已久了。

麻　饼

父亲在QQ上留言："给我带筒麻饼。"

不由心生欢喜。如今生活富足，吃什么都寡淡无味，父亲又是高龄老人，百般禁忌。平日，我们不知拿何尽孝，只好含含混混，而过年过节费尽心机也难让老人满意。天皇老子，你到底想吃什么啊？

这回留言明明白白，怎么不让人心生欢喜？

上次好友说起麻饼，我很意外。这个古老的糕点早该淡出江湖了呀，记忆里我就从没买过它。但是这条街，怎么说呢，宁可信其有吧。我从钱包里掂出几枚硬币，买回两个。抱着谨慎的乐观态度，我决定饭前先尝一口，做到心中有数。一个麻饼从遥远的年代穿越到我此时的掌上，并非易事。它有金黄香酥的外皮，密密的同样金黄的白芝麻，掰开，内芯是柔软的黑色芝麻粉，咬下一口，纯粹的芝麻香气裹挟身心。口感酥软相间，并不是记忆中那种无来由的生硬和生甜，这样的糕点是不需要淡出江湖的。我一边吃一边寻找彼年的记忆。

说实话，在我残余的幼年的印象里，它是儿孙满堂的老奶奶的专享品。我偶尔尝上一口，定是哪位奶奶发了慈心。可生硬的口感，跟我一个幼儿的小嘴甚是不谐，让我纳闷孝顺儿孙的诚意。

一边想一边吃，不经意中，一个麻饼叫我啖食殆尽。这已不是鉴定的法则，却让我对它有了信心，决定冒天下之大不韪，给父亲带几个过去。

不由得反思当年对麻饼的态度，在那个食物稀缺的时代，为什么对它生出这么硬的隔膜？按说当年，假冒伪劣尚未出炉，各家作坊的手艺不至于出入这样巨大。

铁皮箱子！想起来了，老奶奶们总有一个百宝箱。一转身，就能变出小食来。

那时，一点好东西不存上半年一年，是舍不得拿出来吃用的。没人追求新鲜食品的香味和口感，物资存着，心底踏实，是大如天的安全感。

我想麻饼就是这样被我埋汰掉的，一晃四十年。

父亲见到麻饼,没做太多表示。食物丢失了吸引力,已是屡试不爽,当然更没有当场品尝的雅兴。没想到过了两天,父亲给我留言:"麻饼真好吃!"还用了感叹号,这是极其稀有的情况。我当即回话:"想吃了,随时给我留言。限量供应,不限次数。"这是极必要的规定,限量供应才能保证上佳的口感。

这回父亲果真留言了。我二话不说,专程去采购。店铺离学校只有一条巷子。一位女士在指点江山,麻饼多少芙蓉糕多少,店家端出一个大筐子给她包装。这架势,搞抢购不成?我不由多看了她几眼。也许陪读家长气息相近,很快得知她是太平人。"我经常带,这是好几家的,都是邻居。"她解释。

太平家长是一支陪读劲旅,我早有耳闻,其中不少是全职的。她们常年往返于两地,这条街的名点,统计一下,会不会是太平的人均消费最多?因为离得远,心里难免牵挂,又因为能辗转得到,不免乐此不疲。他们对古城的情感,估计与我少时对古城的景仰相似。古老的徽州府所在地,不仅有厚厚的积淀,更有底子里不着声色的秉持和考究。

学着太平家长,我给自己买了芙蓉糕。这东西没能出现在我幼小时的农村,少年时倒是尝到了,但那时的食物大多来自拙劣的制作。我的原有印象再次被改写,芙蓉糕,可以不用香精,不须甜得发苦,不必无序地膨空,可以这样香,这样松软,入口既化。因为它油炸多脂,我决定对老人隐瞒,自己趁年华尚可,多尝尝才是硬道理。

这里的糕点,没有先进的手段,只用传统的技法、恰当的火候,诱导出食物的原香和上佳的口感。食物,这样就足够了。

晨　曲

孩子们吃过早饭就走了。我洗漱停当,坐下喝稀饭。

女儿近来爱上了稀饭,让我不由得感慨,毕竟是亲生母女,口味大相径庭,最终还是九九归一。我虽说受她裹挟爱上了面条,但对稀饭还有丝丝缕缕的旧情。

借助电饭煲的智能,起床时稀饭的香气已经充满厨房。不由得饥肠辘辘,赶着炒了嫩黄瓜和茶笋肉丝,煮上几个鸡蛋,端出母亲腌制的泡菜。这样的搭配,比面条有层次。

一个人用餐少了禁忌,我在手机上打开一个书法视频。这个教程下载很久了,每天早餐时才看几分钟,因此一直没有看完。这个也与女儿异曲同工,现在的她上床、如厕都带着一本书,随时看上几眼。只是吃饭时我不许她看,她不在,我却犯禁。

时间越来越不够用,吃饭只好囫囵吞枣了。

餐毕,我收拾碗筷,清理一场交响曲留下的残局,随手把衣物浸入脸盆。待到清理得差不多,早课的下课铃响了,旋即响起运动员进行曲。旋律中,一阵杂沓的脚步声由远及近,伴随着孩子们的叽叽喳喳声。我知道,高二和高三分别占据了两个操场,高一的同学便只能在食堂前列队,一场晨跑要开始了。

倘是周一，我的感受就不会这么贴近。周一有升旗仪式，学生们在广场和操场集合，我将远远地听到庄严的国歌，在《义勇军进行曲》中英勇而澎湃地收拾家务。

这两天雨水刚停，学校就安排晨跑，颇能见缝插针。高一学生被指定绕着教学楼与大樟树跑圈，经过我的楼下。"一、二、三、四，一二三四……"他们随着号令出发，从大樟树边向上跑去，须臾，这号令在坡道上拐弯，俯冲下来。越来越近了，嗒嗒嗒，堆叠在一起的脚步声合成一股浑厚的超重低音，似大军压境，震得宿舍楼也鼓荡起来。

我洗好的内衣裤正待晾出去，但几百个孩子在窗下，好像大动脉强烈地搏动，队形又这样严整，庸常的生活细节猛然出现，也太突兀了吧？刹时的顾虑，令我伸出的手缩了回来。

一个男孩出其不意，用英语领喊起来："One，two，three，four。"后面整齐地跟着喊："One，two，three，four。"英语夹在中规中矩的口令中间，好像一个变调，让平淡的曲子活泼起来。

站在强烈的节奏里，我掏出手机，从各个角度抓拍。

窗外的水杉又密了一些，大樟树的老叶全部换成新鲜的嫩绿，满地葱茏。石楠披着细密的白花又长高了一大截，圆圆的白色绣球花则大大方方地在枝头摇摆。路边的海桐默无声息，却像气球一样被春风鼓吹得又胖又圆。其实，每种植物都因着这个春天更丰腴圆润了。

阳光自问政山那边投射下来，点亮了往上跑的孩子年轻的脸，照亮下坡的孩子跃动的脊背。树木和青草也有了燃烧的姿势。

大约十分钟光景，孩子们像潮水般向右前方退去，校园又回归了安静。

上课铃响了，我也该上班了。

在老师清晰的授课声中，我进入高一教学楼前的碧色走廊。高耸的水杉似美人的面纱自云层垂落，隐隐约约透着天机。紫藤花谢尽，绿褐相间的叶子密密匝匝地覆盖了整条花廊，我不禁祈祷它再来一期繁盛的花事，好打破绿的霸权。

泮池边碧绿的黄杨和冬青也在这个春天饮饱了春雨，长得肥壮起来，国旗在高高的杆顶随着晨风飘荡，这是万绿丛中多鲜艳的一点红啊。

春光饱满，使我在琐碎和繁忙中也精神抖擞，无限饱满起来。

客　人

"妈，厨房门关好了没？"近来上床时，女儿总这样提醒。

"关了，关了。女儿的指示，能不记得吗？"享受她管事的认真劲儿，故而答得很殷切。

说也奇怪，家里的千叮咛万嘱咐，从我嘴里吐出来难免招人厌烦，由她说，我却很受用。

一问一答之后，我们就安心睡了。客厅里的几袋零食也安稳了。

这个学期家里来了新客人。悄悄地来，轻轻地走，没有带走一片云彩，却留下无数齿痕，还有细密的爪印，更多的是饕餮之后任性的残局。

"妈，不好了，老鼠吃了我的苹果！"客厅的桌上，女儿来不及吃的苹果被老鼠代劳了。它并不吃完,让苹果张着大嘴,很辛苦的样子。

从那天开始,这个客人就像勤劳的小蜜蜂,每天深夜来采食。

开始,我把桌上的食物收走,以为它没辙了。后来才发现,它辗转吃起垃圾袋里的食物残余。它并不像人,只在桌上吃饭。

女儿反应激烈,提议去买老鼠药。我不肯,推说老鼠药不安全,容易毒着人。哪知她说:"要不行,咱买个捕鼠笼也好啊。"我很纳闷,咱家从没用过这些,她是从哪儿学来的?

我仍然不肯,理由很简单:"我小时候,这事见得多了。你外公外婆什么办法没想过,到底还是灭不掉的。"

女儿很意外,便不再坚持了。

以我的经验,老鼠无孔不入,人类再智慧的手段最终都会失效。我于是懒懒的,不做任何反抗。女儿很郁闷,却仍然在想:"我们把窗户都关起来,看它怎么进来。"

我不以为然:"老鼠动作快,也许趁你进门时它嗖的一下就跟着进来了。还有,你怎么知道它并不住我们家?"我看到女儿在翻白眼。

其实我觉得,老鼠作为自然界的一员,就吃人们一点零碎,罪不至死。如果它赖着不走,并学会撒娇,完全可以像猫一样做人类的宠物,让你花大代价当心肝宝贝一样侍候它。

再说,小时候父母那般折腾,什么法子都想尽了,每到深夜,依旧听到老鼠在房梁上打架,还有咯吱咯吱啃食木门的声音。

老师也打过老鼠。当年草堂鼠患,夹、笼、粘纸百般诱杀,成效不俗,然而老鼠仍然前仆后继、络绎不绝。半夜老师闻鼠而动,与师母抄家伙围剿之。老师还特地画了灭鼠图记录这事。画面线条寥寥,两人一堵一追,一只老鼠在前逃窜。对影成三人，趣味生动，人与鼠的爱恨情仇得以隽永。它说明了一个道理，老鼠原本就是生活中的一个角色。

我和女儿，捕鼠是万万不敢的。既然没辙，不妨和谐共处吧。

当然这念头有点迂腐，我把它当作秘密隐藏了下来。

可老鼠颠东倒西也忒没规矩了。每晚我都把垃圾袋口扎紧，想让它知难而退，免掉我和女儿的分歧。

可我很快发现，垃圾不是它最爱的晚餐。它开始进攻袋子里的面条、零食和水果，受害范围一点点扩大，最终还锲而不舍地从食物的硬包装啃起。

我通知女儿，抓紧吃零食，不能消灭老鼠，我们就消灭食物。与老鼠抢食，我们还是有优势的。食物迅速就减少了，可是不能不添置呀，嘴巴是那么馋，肚子每到深夜就唱空城计。

我一计不成又生一计，做着消极的应付。出租屋陈设简单，没有特设的储物箱，我就拿出冬季的烘脚炉，方方正正的，不就是一个大木箱吗，存放食物非常安全。

女儿不信邪，要做积极的挣扎。她无视我的劝告，开始研究老鼠的路径。试着关一扇窗户、又关另一扇窗户，没收到效果，食品和水果仍然受到蚕食。再试着关门，关了厨房门之后，奇迹出现了。

老鼠居然好几天没进客厅！最后一个有齿痕的芒果放得快干了，也没谁来舔上一口。

看来我的老黄历过时了。

女儿拿着芒果，说这个没用了，不如给它吃吧。把芒果放到厨房的台子上，然后关上厨房门，退出餐厅。我很惊诧：她不是一直想取人家性命吗？

第二天一早，我去厨房察看，芒果依然如故，跟女儿说："看来老鼠生气，不吃了。"

"唉，我仁至义尽了。"她叹了一口气。

吃了闭门羹它就转去了别处。看来，随着时代的转变，老鼠也"文明"了起来。

天　性

一

班主任拿出成绩单，笑呵呵地说："我说过吧，她只要静下心就没问题。"

看来他对女儿有一点儿放心了。

这次二模结束，丫头没表现出沮丧，也没表现出轻松，使我参不透其中的奥妙。昨晚，女儿一脸阴云地回来了，默默地换鞋。我赶紧打破沉默："谁惹我闺女了？不知好歹！"

"没人惹我，是我自己！"她呼哧呼哧，泪腺饱满到极点，"我是有多差啊……"一边抹眼泪，一边说成绩出来了，好几科成绩不理想。

"咱继续努力就是，别气坏了自己……那么，那么，这次的名次？"问名次毕竟庸俗，我不禁嗫嚅起来。

"名次倒是往前了。"她苦笑了一下。

"那你是进步了呀！怎么还要伤心？"我一惊诧显得更浅薄了。

"有些题目是我没想到的，我是不是太差了……"她跟我数落着，确实，我听着也不能满意。

有没有人考试之后完全满意的？我很好奇，于是我到了班主任那里。

高中三年，我这陪读家长天天在学校内外晃悠，教学楼近在咫尺，老师却联系得极少，除非她身体不适或状态堪忧。了解她的在校情况，我也只偶尔找找班主任，好比小股东查阅经理人的业绩，班主任就是那个报告人（这个比喻女儿曾经不屑，我腰杆一挺说我有知情权，女儿便不干涉了）。

"这情况正常，说明她在意了。继续，不要松懈就是。"老师笑了笑，"现在，我再也看不到她跑了。"边说边用头上下示意。

我会心一笑。这个说来话长。

活泼好动是她的天性。在高中这么紧张的氛围中，她仍有"突出"的表现。一下课，她就楼上楼下东奔西窜，找老同学找好朋友。班主任教数学，而数学是女儿的弱项，最初我去见班主任是想跟他交个底，盼他给把把脉。哪知老师肯定地说："学好数学不是问题，问题在于心不静！"于是如上种种表现，我闻之如见了。我很怀疑"静若处子"的比喻。

心不静则气不稳，成绩就跟着人也上蹿下跳起来。

后来再见老师，我的关注自然就换成了："丫头近来还跑吗？"或者我还没问，老师就说："还是老样子，一下课，嗖——"用眼神上下左右一示意，我就知道那活泼的程度，叫我哭笑不得。

我们都明白，生性活泼怎么都不能算缺点，甚至表明她乐在其中，所以只能私下着急。老师肯定地说："只要她把腿管住了，就没问题。"

"有这么神奇？"我有些惊讶。

"有。她很单纯，又没别的缺点，只要静得下来。"老师再次肯定。

静不下来这事，说大并不大，可是想说小却很难。它影响到一个人能否专注，能否思考和沉淀，还算小吗？在女儿身上，我盼望这天性得到管理。

二

人类文明的第一步，就是对各种天性做了管理和约束。

然而这轻微又无害的天性，就不宜再从外部来约束了。我们饱受诟病的国民性，就是长期压制而扭曲的结果。

然而我们是成年人，成年人最大的天职就是"帮助"孩子。

老师常常用眼神来告诫她，我也和风细雨地点到为止，我们不约而同，撒开一张网想把她兜上娴静的班车。

成绩坐过山车的状态多少与这天性有关，精神的一张一弛决定了成绩的高低。记得一次我没沉住气，婉转地说起这事，哪知她反应强烈："别听老师的，他夸大其词！哪个下课不上洗手间？谁规定下课不能找同学玩？"她振振有词，仿佛没有错。

老师那双犀利的眼睛早就让她不自在了。她在走廊上与同学谈天，班主任斜眼看着她，下楼一拐弯也能与他撞个正着，一举一动受到限制。

一时说不出个道道来，我只好退一步："你考虑考虑老师的建议，他是经验丰富的老师，你试着收收……"

"好吧，我尽量。"极其忍耐的敷衍之词。

压制天性罪莫大焉，我又搜肠刮肚地安慰："老师多年的教育经验，谁有潜力、谁有毛病一望而知。对有潜力的他才更着急啊。"

她皱着眉头想了想，不再说话了。

其实每个孩子都有潜力。我对她有信心,她自己应该也有这样的判断吧。

崴脚的时候成绩波动得更加剧烈。疼痛又不能动弹,狂躁的样子让我甚是担心。结果那个月的考试取得了她高中最好的成绩。待到脚踝痊愈,欢乐了没多久,成绩哗地掉到谷底,荣膺当年度的另一个"最"。

我们想起了老师的话。

"你感觉呢?"提起老师的金玉良言,我接着问她。

"还是跟脚有关。受伤的时候待在教室,不能做别的只能学习。好了之后就彻底'解放'了。"她心平气和地说。

不用再说什么,成绩对她的启示和教训是那样显著。假使还不能让她改变,我也该接受这不渝的天性了。

三

老师的意思是见不到她上下跑动了。这证实了我的感觉。

这个学期她明显的态度是对自己的学习不满意。高考的紧迫给了她无形的压力,班级上的学习氛围也使她投入一场挖掘。期望取得更好的成绩,唯有更多地投入。

我看见她的脸在消瘦,走路的姿势不再跳跃,也不再慢条斯理。拿起书本就心无旁骛,在题海中有了酣畅的样子。

我看见积极与好强的天性开始苏醒,活泛散淡的天性暂退二线。

那天,当她发现自己居然与一所不错的学府近在咫尺时,像找到了路线和目标,行动再也不迟疑了。目标决定一切,成绩开始扶摇而上,虽然她自己总不满意。

既然可以放心,我再没待下去的理由,望了望老师,很想问他晚自习课后他是不是常从我们家楼下路过。看着老师忙碌的样子,我打住话头退了出来。

那个夜晚,一个熟悉的嗓音从窗下路过。"我老师!"正埋头书写的女儿突然说,听起来像在说一个喜爱的朋友,一个亲切的长辈,完全没有心理隔膜。

又隔了几天,窗外又有像老师的声音。她在认真做题,我没忍住:"我以为是你老师呢。"

哪知她笑起来:"我也这么想。可真提神醒脑!"

"假如你不在用功会怎么样?"我口没遮拦,觉得这是有趣的一幕。

"那不是该脸红心跳了吗?哈哈。"她倒不介意揭揭短。

看来这孩子活泼依旧,只是最近为了自己的目标,没有时间玩耍了。

一些天性在潜伏,一些天性在勃发。就像校园的草木冬天休眠,春天复苏。我们成年人处心积虑想要插手的忧患,忽然之间消解于无形。原来天性与天性之间、天性与成绩之间,并非简单的此消彼长关系。

当十八岁的青春有了一个目标,十八岁才是成长的代名词。

写在世界读书日

今天是世界读书日。十分难得,我早上竟然读了半小时的书。拜学校所赐,今天不用煮早饭。那个固定的食客还在床上呼呼大睡。学校安排了春游，昨天女儿全程步行，再次阅读了黄山。

台湾散文大师陈冠学在他的《田园之秋》中，描述了自家屋子前后的田野上繁多的鸟类和花草。我跟着那些新奇的品种，越读越是倾慕。秋天的某个早晨，光是辨得清声音的鸟、叫得上名字的野花就各有三十多种，是怎样的富有呢？

读着读着，不由神清气爽，随即又心生怀疑。我如此得味地投身城市，与他相比算不算囚徒？

城市繁华得这样贫瘠。就这个校园而言，我如此享受的绿荫和花草与陈大师的自然田园相比，却是如此匮乏。我在心里数了数，目前，校园里开放的有鸢尾花、海桐、绣球花、红花檵木、蔷薇、香樟、上次发现的野薄荷，此外还有什么呢？无怪乎回归自然成了近些年有识之士的倡议。

把衣服晾出去，该上班了，我振作起精神。刚走到楼底，一株野生草本开着金黄色的花朵在围墙脚向我招手。这是多耀眼的一株啊！昨天怎么没有发现？黄灿灿的几十小朵挤挤挨挨凑成一束，精神饱满地举着，离地面足有一尺高。这一照面，即刻点化了我。我身处的这个地方真的那么贫瘠吗？我是不是把目光抬得过高、根本无视地面上无言的美呢？

天空中不同声调的鸟鸣我从没留意过，我是不是身在福中不知福？

当然这株黄色的小花并不孤独，它的不远处就有丛生的同类。拐过宿舍楼，绿地边的黄杨下开着一种蓝紫的小草花，一种小米粒样的黄花。当然还有我一时不知如何形容的花朵。一路观察过去，草坪上、道路边，高矮长短，五颜六色，密密地生长在大地上的植物，正在开花的品种已经能数出十多种了，它们交错着不分边界。

这些花草我全都叫不出名字。

对枝头的鸟鸣我也全然没有辨别力。

我完全明白了,大自然对人类是公平的,而我们对于自然未必都那么恭敬和用心。我们通常的心思,是对自然没用心思。就像昨天的我对一切熟视无睹,像今天的我对自然茫无所知。

阅读的好处不仅仅是启慧和明理了。今天又添了一项,就是让我对生活、对生存的环境多了一层细致的投注,一种更朴素的谦卑,对身处的这块土地愿意俯下身去。

昨天去见父母,在他们居住的高校看到一张"世界读书日"活动海报,落款是学校读者协会,主题是"让阅读成为习惯,让思考伴随人生",这里倡导的读书一定超越了学业和专业的所需。阅读氛围浓郁,突然感觉宽心,女儿下半年就要进入某个高校了。

世界读书日,1995年由联合国教科文组织设立。而1995年我正在旺盛中荒废自己,没有成家甚至没有恋爱,上班是那么忙,回到宿舍就放松自己,发呆或者做梦,无聊地打发着时间。作为有固定工作的社会人已不知读书为何物,甚至不知道世界正悄悄改变,还有了世界读书日。

那种缺乏思考的荒度是让人后怕的。假如今天的我依旧如斯,我就不会在这里感激阅读,世界读书日也只是别人的节日,今天的花草将唤不起我任何的关注。

前几天朋友来访,看到我桌上的书本佩服地说:"我孩子说我了,有空也不学习。要是能像你一样该多好。"

言下之意,如今的孩子对家长的要求不再是照应吃穿这么简单,他们希望家庭带给自己更多的能量,或者他们更愿意带给父母一些积极的改变,彼此多一点良性的互动,优秀的孩子对家庭氛围有所期盼。女儿就很享受我坐在她对面看书的时光,我们经常交流书中有意味的内容、有趣的生字,分享好书的信息。我甚至希望就此把陪读做成一辈子。

"我不是不想读,是静不下来。"他又说道。

我很诚实地告诉他:"尽量读点吧。孩子长大了,做家长的不能原地踏步,那样会影响交流。"遵照自己的兴趣尽量读点书是让心静下来的法宝,才更有可能与孩子探讨探讨吃饭穿衣以外的话题。家是港湾也是懈怠的温床,没有什么环境比家庭阅读的氛围能让读书更恒常地保持下去。

早先我出过馊主意,说借陪读之机不妨来一场中年阅读。主旨不错,却有利用人们的善意、投机和突击的嫌疑。其实阅读,人生的哪个阶段都可以进行。不必离群索居,无须求助外界,它可以是繁忙之中的一种休憩,休闲之时的一种玩味。

为什么一到五岁的孩子进步最迅速?让我们总夸他们是天才?岂知他们这个阶段的阅读量最大。最初他听到的每一个字都是阅读,阅读亲人,阅读人间。接下来,他便不满足于这些了,让大人讲故事,读童话,看少儿节目。再长大一些,自己捧着小人书咿咿呀呀地读。

等他们渐长,除了学校指定科目不再爱读,进步就慢了下来。进步放慢的孩子,面目渐渐变得相似,不再是婴儿时期各自迥异的状态。他们没能保持婴儿般的好奇,没把阅读坚持下去,而日复一日的生活能给的新鲜营养越来越少了。

继续阅读的孩子逐渐在小伙伴中鲜明,成为大家赞赏的佼佼者,而赏识与否又强化了这两类孩子的不同走向。家庭阅读很快凸显出优势来。

像大自然一样,书本和知识对每一个人都是公平的,只要有心你便能采撷。宽泛的阅读不仅能改变一个人的生活态度,还能把高蹈之心降低,让低垂的头颅昂起，使外放收归内心，把内心无限扩大。慢慢接近大地与流水的姿态。

当然，阅读并不像金钱和声望来得立竿见影，但却能改变人的思维、视野和胆略。你已经不是当初草莽的你了，却并不妨碍你得到该得的金钱和地位。

倡导全民阅读连续两年被写进政府工作报告。从物质性到精神性，政府的理念在改变，但个人的精神需求要上升到国家倡导却是每一个社会人应该思考的。全民阅读不妨从家庭开始，时日一久，家人更加宽博和睿智，国民也不复是一切向金钱和地位看齐的国民了。

在这个世界读书日，我想说，拿起书本吧，不要再等时机了，当下就是最好的时机。阅读，任何时候开始都不晚，任何时候结束都太早了。

那时年轻

读完了几本散文和诗歌。这个星期天，我终于无可避免地重新拿起那本《佛学概论》，一本啃了三分之二被破例放一放的通识读本。一放就是一个月，用诗歌和散文慰疗至今，可见其艰涩的程度。

佛学的庞大使得一本薄薄的概论缺乏可读性，然而我没想过放弃，妄执是我的弱点。看来这佛学教义我还是得细读。

怎么说呢？如果不出现止读现象，阅读就是一件十分幸福的事。

天气大好，洗了几件毛衣晾出去，泡上一杯绿茶我就坐下了，决心利用这个周日把它读完。刚读了几句就开始担心这个计划，它生涩的程度一如旧日。

　　从上午跨进下午只是几张纸的距离。女儿午睡起来，就在我对面坐下，拿出书本走笔如飞地一直写，写笔记，写作业。她完全投入课程，视我如无物，更像一根定海神针镇定了我飘荡的心。我一口气潜了下去，直到她忽然站起来说去教室，我才抬起头来。

　　她走了，留下我一个人和一颗再次飘浮的心。有她陪伴，我一个小时的阅读量等同于之前三小时的，假如她陪到黄昏，我今天一定能读完。她是这样专注，这般争分夺秒，完全把我带动起来。

　　我多么需要她的陪读。

　　这个带领我读书的人就是当年让我烦恼的顽皮孩子？她真的长大了，长成我当年幻想的样子：为一个目标全力以赴，行动干净利落，目光炯炯有神。

　　一直以来我却为此做了太多愚蠢的压制和限定。

　　那时年轻，与天斗与地斗，扮演着一个匪夷所思的角色。请允许我以第二人称叙述，就像在教训一个蹩脚的朋友，调教一位不称职的母亲，我将敲山震虎，振聋发聩。

　　那时的你，读不懂阳光的天性，无视善良的本性，不明白好奇心的珍贵，看不到包容的力量，甚至不懂得奔跑意味着活力，而诉说是脑力在奔跑。你空有一腔方刚的血气，满脑子自以为是，苛求到愚昧的地步。对小小的她，不合你意的一律喝止，"无关"的表露统统扼杀，你从没想过，她一个小娃娃能有多少分寸和圆融，她要怎样取悦才合你一个大人多怨的、忽明忽暗的心？

跟你说要包容天性。你说扯淡，天性能感动老天让人一辈子吃穿不愁？多狭隘的见识！

叫你顺应自然。你哼了一声：笑话，大家都在尽力浇灌，偏要我无为而治，孩子能比别人家的更优秀？多爱攀比的心！

连最通俗的寓教于乐你都不会，还无师自通，怀着一副典型中国家长狭隘的铁石心肠。

当她笑嘻嘻来亲近你时，你呵斥她离远一点，别妨碍你收拾家务。

当她刚想告诉你小伙伴间的趣事时，你催促她好好吃饭，以便快快长大。

当她有一肚子委屈想找你撑腰时，你却骂她交友不慎自取其辱。你在为别人撑腰。她不依不饶借故撒野，其实就想知道，你到底从哪里把她捡来。

当她告诉你，这次语文考了全班第一时，你一脸严肃地告诫她，戒骄戒躁，下次不能退步，让她如临深渊。

当她终于什么也不肯跟你说时，你却指责她目无尊长，生性乖僻。

你用一个拙劣的模子把她往里用力摁。嘿，一个标准少年出来了——一个装逼装酷的少年，顶着一张厚厚的面具。于是你感觉受到了欺骗，你恨铁不成钢。

你做的一切都在阻碍她快乐成长。她如今还能明朗、活泼，与你毫无关系，她只是顽强地在你的铁腕下"幸存"了下来。

万幸的是，你只是辛苦地白折腾了一场。她却在你的折腾里收获了一个不幸的童年。

……

那时年轻，多愚蠢啊！

愚蠢到无视一个小小自我的成长。

愚蠢到把笨拙的自我鼓得像个巨无霸，遮蔽她整片的天空。

年轻就可以为所欲为、歇斯底里？

年轻就可以心浮火旺、灼灼燃烧？

我失去了一个在童心中徜徉的好时机，错过了品读幼儿浩瀚的无邪，错失了整个与她快乐收获的漫长成长期。

而女儿长到十五岁，还不知道被纵容被宠爱是什么滋味。

如果重新来过，我一定是这样的：

我会像对待一件珍宝，捧在手里怕掉了，含在嘴里怕化了。我是世上最自得的母亲。

我会像母鸡护小鸡一样，扑着翅、伸着喙做攻击状，保护她的天性。我是天底下最自私的母亲。

我会仔细听她的每一句呓语、每一次诉求，仔细分辨她诉求的背后是什么样的支撑。我会像最棒的母亲给她多来些感性的喜悦。

她笑就陪着笑，她哭就跟着抹泪。不就是喜欢坐摇摇乐吗？天天去坐好了。喜欢撕书又怎样？买一大堆来，让她看都来不及，没有时间撕，就是撕了也不打手心。

反正我一定不会像这次这么傻，要等她读到了高中，进修了一些成年人的相处之道，学会迁就我的时候才与她重修旧好，做了叫人羡慕的闺密。

……

女儿不在，心神飘移得厉害。把十八年的是是非非数落了一遍，窝在心里的废气吐出来，舒服了一点儿。

继续，读我这本难啃的书。我是这样需要修行。

小鸟的歌唱

用过早餐,女儿和同学早自习去了。我像往常一样收拾家务。

随着自来水潺潺的声响,我扫了一眼窗外的香椿树,它在阳光下枝叶招展。一边洗碗一边感叹,如今的人们不再目光灼灼地盯着这些可供佐餐的树木,香椿树回归到一棵树的身份,它赶上了好时代。

一阵清澈的鸟鸣压过了盥洗的声响。

我不明所以。窗外没有飞鸟的身影,香椿树上也没有停驻的鸟儿。

越来越欢了,像谁一声令下的百鸟争鸣,和昨天舒缓的节奏完全不同。

我以最快的速度打发了碗筷,赶往客厅。客厅的阳台正对着校园,对着校园的道路和绿地,右侧的小公园里,一群鸟儿在集结歌唱。

如此高亢是为哪般?我想不起来今天是什么特殊的日子。又想,人类再特殊的日子也该由人类来歌唱,人类还没强大到驱使自然界鸟雀放喉的地步。但分明是什么日子,不然这些鸟儿怎么像一夜从禁锢中挣脱,迎着阳光和自由奋力地鼓腹而歌?

随着春的深入,小公园的绿意越发浓郁。幸亏有紫叶李的紫、鸡爪槭的红、绣球花的白安插其中,绿才不至于继续一统天下。香樟细碎的小花散发着幽幽清香,石榴的花蕾似日渐明亮的眸子,它包藏的火焰就要喷涌出来。

这样的环境是小鸟们喜爱的，高歌不止或正得其所吧。教学楼那边有低密的读书声，与鸟鸣高低相应，层次分明。高高的水杉顶上，那两只鸣声沙哑的大鸟像坐不稳江山的英雄，兴奋地扑棱翅膀，让我穿越日渐茂密的树枝也发现了它们。燕雀和一些不知名的小鸟在小公园与大樟树之间勤奋地穿梭，它们轻盈又兴奋地唱歌，持久地一曲接一曲，分明是受到小公园驻唱歌手的鼓动。多热烈的歌唱！我站在阳台，亦被撩拨得兴奋，假如我是鸟，也会动用美妙的歌喉，双翅一展从阳台飞出，去与它们盘旋酬唱。

大肺活量的歌唱在继续。有一种鸟类笃定在这季的某一天开嗓吗？我对自然知道得太少了，对植物、对鸟类知道得太少了，不由得再次钦佩梭罗和陈冠学，他们才是大自然的密友。还羡慕我的文友和诗友，他们都比我熟悉这些人类的朋友。作为一个书写者，我懂得太少了。以"鸟盲"的惶恐，我摁下手机的录音键，记录这些歌声，等到有机会好向朋友们求教。

孩子们来晨跑了，啪啪啪的脚步声像战争的车轮碾过，然而小鸟的歌唱依旧嘹亮，依旧绵密。我叹服了。看，今天多么与众不同！这就是可以在鸟鸣声中醒来的环境，像任何一个自然作家笔下的山林和田园，我多么幸运！唧唧啾啾，我期待周末，期待在鸟鸣声中醒来。

惦念这歌声，傍晚下班到校，就径直往小公园走去。说实话，小公园近在眼底，我却很少亲自走进去，因为远远看上一眼就知道发生了什么。今天除外。

一位白发大妈和一位大姐坐在树荫下聊天。我不惜动用自来熟的本领，径直问："这里舒服哈。这里的鸟早上叫得特别欢，是什么情况，新来了什么鸟吗？"

一边又有些忐忑，这不务正业的问题由我一个成年人来问真的好吗？白发大妈想来也是个浪漫的人，正要显示一下对鸟类的见识，年轻的大姐却快人快语："今天早上，巷弄里那个人把他家的鸟带来放风了。"

啥，放风？我吃惊地看着她……

这个消息太过生硬，戳到我心尖了。

巷子里的那户人家确实有数只鸟笼，里面养着画眉。

今天是什么日子？今天是囚徒放风的日子，是饲主大发慈悲的日子，也是人类驱使鸟雀歌唱的日子。

站在小公园，那清脆的歌声忽然变得渺远又悲情。

什么时候，这些画眉可以像那棵香椿树，回归到一只鸟的身份？

第二天鸟笼没有来，那高亢的、急切的歌声自然也没有来。小公园和大樟树之间的飞鸟恢复了清清徐徐地唱，袅袅婷婷地飞。

对那此起彼伏的嘹亮歌声，我不知该做何期待。我爱听，又怕听。

唠 叨

我过生活，素来含糊，有时还迷糊得紧。因而过日子常常木讷没有二话，却得到女儿的表扬："还是我妈好，不唠叨。"我心知肚明，我不是不爱唠叨，而是唠叨不来。

然而我发现，这一年女儿唠叨了起来。

也许寻常的流年，唠叨是一味不可缺少的烟火，少了它日子便不丰足。

学校里那些悲喜、那些青春的尴尬与羞涩，还有老师的风闻逸事，回到家就是一个个小小的发布会。

我早虚心地表明："有什么事，你得尽量告诉我，千万别以为我啥都懂。"还有："妈记性差，家里的事儿替妈想着点儿。"于是她不含糊，渐渐地成了习惯。

升入高三的某天，她到家，一把递过校刊："妈，《潺流》上再没我的名字了，这是最后一期。唉……"她一脸落寞，一脸惆怅。于是我知道，她文学社的小职务期满交班了，一个里程碑式的小事件。于是我默默地像个细心的老妈，把几本校刊收拾收拾珍藏起来。

有一天她突然感慨："真佩服自己，最近啥事都不想了。"

我听话没听音："怎么呢？"

"很久没跟你要零用钱了，你不知道吗？"女儿望了我一眼。我一脸迷茫，哦，好像是哈。

她嘲笑："我妈傻傻的，我要是不说，啥也不知道。"

"哦，我知道了。你要多少钱？"我殷勤地关心起她来。

"天哪，你会不会聊天？我是说我连买东西吃的时间都没有了。"她耐下心跟我解释。我这才明白，近来功课忙，著名的吃货有名无实了。唠嗑经常这样文不对题，幸亏她还有点耐心。

当然人家不只唠叨，生活中可给了我不少帮衬，那次驱鼠就是极大的功勋。此外，关键时刻总有她的提示。比如腊月天，每至深夜，她必关心："电热毯开了吗？""妈，你困了吗？困了就去睡。"出门前她总是叮嘱我："开车小心，注意安全！"或者说："你那什么什么事千万别忘了。"

有她操心，我过起日子来不再患得患失、张皇失措了。

有一次她又提醒，我忽地一乐："为啥女儿唠叨我就爱听？如果我唠叨女儿准会烦吧？"

她装作无动于衷："有吗？我不烦你啊。"这家伙，撇得可真清。

随着高考临近，她提醒我："妈，一定要注意安全啊，身体也要注意。"我一愣，赶紧接腔："是哦是哦，你也一样。别给妈出什么幺蛾子。"

看，关键时候还得她想在头里。

我给她准备的移动电话成了她手中风筝的线。回家见我没在，准一个电话拨过来："妈，在哪儿呢？"我很乐意接，被关心被牵挂总是幸福。有时她友情提示："放心吧，衣服收进家了。开车慢点。"

还有时，水果坏了，纽扣掉了，烧洗澡水呢，今天发生了有趣的事或者遇到难题了，也在电话里一一汇报。我们一个爱说，一个爱听，天造地设的一对。

唠叨是一根长长的线，把一个个散碎的日子穿了起来。我回头望时，才明白那么多唠叨的时光，都成了远远的过去。

可是近来，这唠叨的优良传统不再事无巨细了。我常常望着埋头书本的她惋惜地想：今天又有什么趣事被我错过了吧？

周末，我自告奋勇地陪她和同学去看《速度与激情7》。看完走出影院，我沉浸在激越的情节、幽默的语言和圆满的结局里玩味不已，毕竟好久没看电影了。她俩默不出声，还伴着鼻子抽动的声响。我回头一看，俩人眼睛红红的。我不明白一个快乐温情的结局为什么令她流泪，一脸惊讶地看着她。她突然警觉："妈，你不会不懂我为什么哭吧？"

我抿回张大的嘴巴，咽了口气："我怎么知道你干吗哭。美好的生活不需要眼泪。"

"妈！你真不知道吗？保罗，最帅的那个人死了！真人，演员，已经不在这个世上！他告别了我们！"她又悲伤又气愤。

"怎么回事？我以为只是看个电影，哪里知道这些……"我臊得想找个地缝。

"都怪我，事先没跟你说。"她不再计较了。

看看，这唠叨，真是不能少的。

搬来搬去

随着气温的上升，这春的地盘渐渐显露出夏的端倪。我们在这个校园的生活，就剩最后一个月了。

女儿依旧是读书、吃饭、睡觉，我则不然，随着春天的撤退，换季的衣物没有留下的必要。我这大自然的搬运工，开始了新一季的搬运事业。

早上上班时，我总会理出一些衣物塞进袋子，顺手拎上车去。待到要回家那天，车厢也就塞满了。

搬运对陪读是一种体能考验。我曾为此伤神，竟然选择了一段负累又悲壮的生活。直到这学期开学，我才有了不一样的感触。

开学返校，我们大包小包地把车子塞得满满的，就差把人弹出去了。不由得叹息，到底是人带着物，还是物带着人？我们役使的东西太多，往往把自己也一并奴役了。

被物质所累是现代人的宿命，可是仰赖文明又埋怨文明未免太不厚道，想到这里心才稍稍平复。再次告诉自己，既然选择了就应该无怨无悔。

高一高二报到那天，学校一下子车水马龙起来，许多家长和学生大包小包艰难地往宿舍赶。我这才恍然大悟，不光是陪读家长，住校生也是大自然的搬运工啊。每学期开学，他们的搬运量同样巨大，食物、衣物和读物，一年四季肩扛手提，哪一样也不能落下。他们还把对家人的思念也搬来搬去。

幸福的走读生，则不断地搬运着自己的身体。

推而广之，人活在世上就是一场巨大的搬运。家是建筑商搬来的建材堆砌而成，家里日渐繁杂的物品是我们悉数搬来，汰弃的物件又一件件搬出。我们为了搬运自己，交通工具越来越多，交通要道、大街小巷那个川流不息啊，其实就是人们在搬来搬去。

看来不论怎样选择，生活的本质都是一样的。

今天要回趟家，我又挑拣物件。顺应自然淘汰法则，很多衣物已经许久未穿，好像搬回家也会继续搁置，搁着搁着，就成了犄角旮旯里的废墟，然而我仍然要带回去。人类最摇摆的取舍，莫过于这"放下"二字。

那个大红的绣花小枕压在衣物堆的最下层。三年前初来时，它作为一个重要物品被带来。颈椎有问题，多年前医生就告诫我勿用枕头，我牢牢记住了。然而还是瞅准机会给自己买了这小小的绣花枕，象征性安放在床头或伸手可触的地方，以表明我作为考究的人类对生活的一点权利。那情势，好像啥物件都有了，我就是个健康的人。

我把这不盈一握的枕头塞进衣袋，思量着：一个月的心理暂别总能承受吧？长久地把情感寄托在一个物件上，我的心歇歇也好。

当然还有更多物件适合按兵不动，生活所需和心理所需兼而有之。一个月的生活，仍然要用生活来命名。

又收拾了一堆衣物，一些书本和一台取暖器，我振作起精神一股脑儿搬出去，这下车厢总该塞满了。离去，总使人凄凄，我行动上利落，内心其实很消极。有时候，我们爱把烦恼和忧伤驮在心上，搬来搬去。

没大没小

丫头近来忙于学业，话少了。这不，进家就一屁股坐下，唰唰地写作业。对我无厘头的搭讪常常是充耳不闻。

上次学校发了履历表，写个人评语时，她运笔如飞一口气写完，看时还很自得："我写这东西最在行了，哈哈。"

我好奇，拿过来一看，"我是一个学习刻苦、为人正直……"等等一路开去，最后"我与家人像朋友一样相处，心里话都和家人说……"云云，我忍不住戳穿："是没大没小吧。像朋友，哼哼……"

她笑了："哎哟，就是这个意思哦，非要说出来。"

看，这就是我的遭遇了。难怪这两年我这当妈的越来越找不着北。

记得高中以前，我若与她开个玩笑，她总是翻白眼。那样不解风情，有时还蹦出"幼稚"二字，常叫我一张热脸兀自晾在冷冷的风中。没办法，生活就是这样邪门，除非大家一起幼稚。看看那张稚嫩又深沉的脸，知道不可能，我只好把狐狸尾巴藏起来。

也好，可以帮我保全一个母亲严肃的身份。

其实她何尝喜欢那么沉重？拆掉心里那堵墙，把老妈拉进视力范围上下一打量：嘿，这家伙挺有趣呀！于是我糊里糊涂地被她任命为朋友，有时我特地端端架子，却老是失败。就像小时候听的一段相声："你是祖国的孩子，我也是祖国的孩子，大家都是祖国的孩子……"具体措辞记不准了，主旨是孩子要与家长平起平坐。

相声旨在取乐却说到了本质。只要再过两个月，她就满十八岁，人格上与我平等了。再往后，将来的某个岁月，她强大了我却老了，年岁的优势走向反面，我恐怕还巴望做个孩子，享尽她百般的疼爱。

所以对辈分我其实并不执着。

她是何等洞察，竟然春风微拂，温度渐渐又升了上来。记不得是哪次对话，她开始率性甚至豪放，如跟死党道短长（那语气，我猜是有死党的）。从此有什么开心、失意、困惑，甚至牢骚，她也不硬往肚里塞了，回家就一股脑儿倒出来。她笑成那样你能不开心吗？她受到委屈你能不义愤填膺吗？她被困扰了你能不帮忙分析吗？如果她被误解，这个好解决，只要一口浊气舒出来，放开心胸，回头还能与人坦荡。

我也窃喜在其中啊。同学间的趣味，和老师的斗智斗勇，那些我当年不敢想的事不敢造的次，都从她和同学那里得到了实现。当年讳莫如深的缥缈的爱情，如今听起来是那样生动、那样直白。我八卦之余，对情感问题的担忧她也已然接收，并心领神会了。

有时我就是那个合谋者呀。

当然也有坏处，就是一不留神就有遭奚落的命运。

有时下晚课，我禁不住人声喧哗，在阳台居高临下想看看她在人群中的样子，然而那些身影大同小异，我怎么也辨不清，于是无奈地拉上窗帘。

昨晚上课前她跟我嬉皮笑脸："妈，你晚上能不能别看我走过来了，还把窗帘拉上……"我一愣，这不是明摆着笑我眼神不济吗？

晚自习回来，我安身于书房画兰草。"×××，×××，在忙什么？居然不迎接我！"为什么用叉号代替？她直呼我的大名！没大没小的家伙。

我没好气："哼哼，懒得接。看不清楚遭人耻笑。"

她喝了一口水，摊开书本坐下。我跑出书房，在她对面坐下："对了，我是你妈！能不能给点面子用用敬语？"

她做了个鬼脸，双肩耸了一下，埋头写起作业来。

我的"复辟"，又失败了。

石头馃

为一些琐事，我在单位滞留了一个中午。这天是周日，女儿到家没见着我，午睡起来没见着我，两通电话追来，提醒我应该早早结束加班。这孩子，越来越恋母了。

回到学校已经一点半。

我饥肠辘辘，泊好车，径直往馃饼店走去。这家店，我们惯称为石头馃，既是饼名也权当店名。如此简省，与它长年累月被频繁提起有关。小店在文化馆通往学校的三岔路口，无论哪条道过来的人，都能闻着那香味，看到那金黄的馃儿。

年份久了，铁皮屋子暗淡无光。没关系，炉里有火星，锅里有香喷喷的石头馃。每当我饥饿又不当餐时，便不用思考，莲步轻移径直就去了。我想每个生活区都该有这样一个铺子，包养每一个不揭锅的早上，抚慰每一次不合时宜的饥荒。

我远远就看见姜黄的大油伞下黑漆漆的锅面，是卖完了吗？三步并作两步，才看清铺子里面，个子偏小的大姐在飞快地做馃，外面一个大个子男人悠悠地等。待我走到锅前，大姐托着两个生馃，一边吹去馃上的浮粉一边走出来，把生馃往空空的锅面上一贴，返身接着做。

托盘上有两个凉透的馃。我问，没有热的了？大姐说，是哦，正当午休，来客人了才又做几个。于是我明白，为什么两人搭档变作一人单干了。

"全天做吃不消啊，一连十几小时，就中午歇会儿。"大姐一边麻利地又贴上两个，一边给先前两个馃翻身，压上圆石头。接着从搪瓷缸里挑出两大块雪白的肥肉丢进锅，任由它滋滋地冒油。

用肥猪肉煎饼是她家独有的。我少见多怪，第一次见时还大为感动呢——油荒时代，一块肥猪肉轻轻化解了一切疑虑。好食物来得直白又省事。

"也是哈，生意这么好，起早贪黑的，铁打的也累了。"我一边搭讪，一边指着盘上的玉米咸菜馃跟她说，"你把这个热热卖给我好了。"

"这馃一动就碎了，我给你新做一个。"大姐打量着龟裂的玉米馃说道。

"不妨事，我反正自己吃。它这么脆，我吃掉不正好吗？"玉米糙，缺乏黏性，我偶尔想帮忙。

"算啦，这就给你做，快得很。"

做了十多年买卖还这样一根筋,叫我自叹不如。恭敬不如从命。馅料品种多,有啥吃啥的我面临选择了。靠上前张望,案板上一钵梅干菜、一钵咸菜,显然是为男顾客端出来的。我在心里默念,她备下的馅料应该还有豆黄、豇豆、青菜、萝卜丝、南瓜、韭菜、豆沙和芝麻糖的,转念却问:"有笋子的吗?"

"有。哦……我放在最下面了。"她一边回想一边回答。

看到她身后又宽又深的大冰柜,我明白了:"这样吧,就做个咸菜的。"疲惫的午后如此折腾,还让不让人休息?我食欲好,哪样不是吃呢?

我回到锅边观察火势。这个烫馃的炉子,我总喜欢刺探古董一样打量它。螺纹钢焊的三脚架,架着一只圆底锅,锅里盛着炭火和炭灰,搁上平底锅就能烙饼。以锅当炉,省去一切繁文缛节,轻巧又省料,需要火力时,拿火钳拨一拨上层的灰烬。

大姐在里边问:"你的笋馃,要不要加些咸菜?加了更好吃。"

呀,还是给做了笋子的!真不怕麻烦。我满口应承,好!好!一边望过去,满满的笋丁馅上被摁上一大勺咸菜。

拿到热烘烘的石头馃,心里暖呼呼的。咬上一口,明白了,为什么肚子一饿就会朝这里走。

这个寻常的小店,每个凌晨和白日都站满了等候的食客,学校里的孩子更是一拨拨拥来。我不止一次在这里遇见,毕业多年的校友带着爱人和孩子站在馃铺前等待。这里的街坊和住户自是近水楼台,其他街的人们也常匆匆赶来。

她家的豆黄馃喷香、酥脆,适合久存与携带,更是蜚声城外。我刚到来时,像掉进蜜罐,经常买了带给朋友。人生在世,讲究个礼尚往来。早在十年前，隔着二三十公里，我就吃到过这豆黄馃，吃了还贼惦记，叮着到古城的朋友："记住，带几个石头馃来。"

折　纸

我一边折纸一边问自己：情况有那么糟吗？现在的女儿难道不是我的好孩子？疲乏又困顿的她难道没有尽力？

我是不是一个唯"分"是图的母亲？

我是不是觉得，唯有她上了重点大学我才有面子？

虽然在朋友的语境里，除非我把她送进清华北大，否则我的文字决不会被奉为圭臬。我也非常确定，可我的初衷并不在此呀，我只是一个普通的母亲，有一个不错的孩子而已。

第三次模拟考试成绩下滑了，是我和女儿都不愿看到的，然而我们无法躲避。女儿心烦气短之后是一根筋地后勇，这我毫不怀疑。一石激起千层浪，我的内心使我不能安静地坐下来写字。

我想我的心其实既卑微又庸俗。

我把一沓练书法的毛边纸搬出来，一张一张地对折，再对折，再对折，最后折成十厘米宽的方块。书法初学者常常这样确定尺度和间距。我一直将时间用得满满的，看书、写文章、练书法，不肯浪费一丝一毫。毛边纸我都是写前才折，对立竿不见影的事我无法积极。可是最近，我的书法显然梗阻于一个瓶颈，心神飘浮，执笔不稳。

我强迫自己耐下心，一张一张地折纸。利用这个间隙深呼吸，拣拾一下自己的初心。

一直以来，我把自己绷得太紧了。女儿呢？显然过于疲惫。行动上仍然争分夺秒，精神上却恍惚又劳累，进入一个又勤奋又松懈的境地。她因此压力山大，常常问我："为什么明明着急，却还是精神涣散？我要怎样做？"

我回答不了。我无法主宰她的精神领地。

就像我无法主宰自己状态上的细微差别。

我边折边数，按一天两张的速度，这沓纸写完，我们就离开这里了。一张张纸，就是一段段岁月啊。纸上的黑色大字将记录我的进步和倒退，成为我无法篡改的历程。我问自己，看不到进步的我是否朽木不可雕？我否定了。并且知道，只有坚持才有资格否定。

我又问自己，临近高考的女儿状态低迷，是不是没有希望？我否定了。她已然学会为目标努力，勇于一个猛子扎下去，不怨天不尤人，只在自己身上找出路，这样的品质也许不能立竿见影，却终身受益。

我们需要的，不就是这个吗？

一个半小时过去了，心彻底静下来。坐下，一笔一画临帖，这是一个月来最安心的一次临帖。

我拿出手机把写好的字拍下，发送给老师。我想，虽然没有进步，老师也决不会就此放弃我这个笨徒。

我于是明白，一切仍然安好。

过　客

为了学习更安心，女儿说她需要一副耳塞。我义无反顾，决定替她走一遭。

既然上街就要像购物的样子，出门前，我整理出N种需求来。

采买了女儿所需，从百家书店出来，径往斜对面的桃园食品走去。老妈在电话里提醒我，麻饼需要补充了。年轻秀气的女店主见我东张西望之余把目光盯住一个袋子，便介绍说这猫耳朵也很好吃。付了钱，拎着麻饼和猫耳朵又径往斜对面的日杂店走去。

学校和东门头之间的三角形街区，我简单的一趟就抵达了每一个方向。

日杂店老板是一个朴素的小个子大姐，坐在店铺里端的桌子后。我说拿包小厕纸和一袋洗衣粉，她一边伸手递出厕纸，一边招呼外边的姐妹："洗衣粉在你身边，递包小袋的。"

我奇了："我没说小袋呀，你怎么知道？"掐指算也没这么准吧。

"当然知道，高三，马上要走了。"大姐笃定地回答。

"啊……你知道我家高三？我脸上没写啊！"我惊了，虽然经常光临，我可没跟她唠过。

"知道。你买小包装的纸，人家可都找大的买。"大姐利索地把东西装进方便袋递给我。

"以后想来找你买东西，怕不方便了。"我有意道别。

"见不到喽。回去了，不太能走到这边。"大姐掌握了人生聚散的规律。

其实这条街的商家、店员，谁不明了这个规律？

那寻寻觅觅、左顾右盼，甚至神色恍惚、跌跌撞撞的，是新来的陪读菜鸟。

那直来直去、悠闲自得，或者三五成群、一路招摇的，是面善的老生家长。

等你的神色越发像原住民，面孔熟透，见面像老相识，寒暄、插科打诨都不带虚词时，你也就即将离去。

你的身影、你的脸庞，甚至你说话的语调和购物习惯，在这条街无数次刷屏，这条街对你了如指掌。

你是这风起云涌的街上一个匆匆的过客。

这条街能否记住你，须看你回顾的频次。

而你从此记住了这条街。

残　疾

在古城，不止一次遇见她。她是如此吸引我，使我油然生出敬意。世上可亲的人很多，可敬的却凤毛麟角，她就是猎猎风中那杆鲜明的旗。

近来多雨水。放晴的傍晚，河西桥上，一连几天，远远地一眼就认出她。

前天，她身着纯白的蕾丝衬衫、鹅黄色修身长裤、黑色线衫、时新的彩色浅口鞋，和同伴并肩快步往太白楼走。昨天她换了米色卡通T恤、粉色线衫、黑白小格长裤，朝太白楼走。

她三十岁左右，清新的外貌，白晰的皮肤，修长匀称的身材，娴雅坚定的气质。走起路来胸背挺直，步伐利落，双眼直视前方。

这古城盛产贤淑内敛或开朗豁达的过日子女人，如此脱俗自信的气质并不多见。

她与任何都市白领没有区别，除了胯下消失不见的右腿。

是的，她是一个高位截肢的女子，一个异常美丽的女人。

她为什么没有"传统"残疾人低着头弓着身躲避人群的神色？她为什么不是粗布乱服的荒芜形容？不仅没有，她还有着许多健康女子不具备的意气风发。

这是怎样的一个女子啊！戏谑命运的霸权，无视生命的脆危，俨然乱石洪流中一株不败的花。

一位细腻的男性朋友动情地说："若不是她太年轻，我真想追求她，拜倒在她的石榴裙下。"他显然被她倔强、通达的优雅姿态折服了。"每次见到她，我都会不由自主深深鞠上一躬。每次她都回报以微笑。"他又说。这个儒雅的男人，一身倔气不入俗流，只对自己崇拜的人真心感佩。

我们的身边总有一些精神萎靡、态度消极的朋友，习惯于垂头丧气、怨天尤人。有的和我一样，没见过真正的灾祸，却常常以为自己活在不幸中。

就在这河西公园，我曾经踌躇，曾经幽怨地伤怀，为一些庸常的人和事长吁短叹，让草芥般的烦恼占了上风。

见到她我如梦初醒。"残疾"的新境界胜过了无数"正常人"，或者说，无数健全的人在她面前"残疾"了。

有时真想知道她的身世和经历，想知道怎样一种惨烈造就了重度伤残，又是怎样一种涅槃冶炼了坚不可摧的意志。然而我想，对于一个骄傲的女子，一切关心都是无礼——她活得比我精彩，一切探究皆是多余——那是她等闲的昨日。

远远的遇见就是生活的恩典了。她的优雅、她的坚定和她的自信包含了太多积极的信息。

我在路边默默投上惊艳的目光，看着她拄着双拐疾行。默默祈祷自己，活出风采吧，不要做四肢健全的残疾人。

车祸与人祸

人人都说赚钱不易，然而物质文明继续演进，日子仍然水涨船高。这个时代是奇幻的。

路面上动辄的拥堵，是美妙的金钱硬生生的反射。不敢想象，假如经济一直高歌猛进，城市会是什么样？

路面一堵，没急事的着急了，有急事的狂躁了。你来我往，负面情绪即刻膨胀、随时爆发。堵车考验定力。

万一出现摩擦，双方再怎么急，往往只剩一件事——无休无止的纠缠。管什么十里长龙千车竞渡，他都身陷重围临危不惧。那气势，就是传说中的孤胆英雄啊。可这孤胆与民族复兴没有什么关系。

人往往经不起考验。

我定力不够。每每下班我都不积极，假如上班可以早些，我决不漫游车河。小城镇早有了大都会的烦恼。

这天下班返校，到达古城已过六点，避开了高峰时段。然而渔梁坝仍有一场拥堵等着我。往前一挪，看懂了，一起事故。如今车多，新手多，事故多，我告诉自己，遇上了就耐心等吧。把车乖乖停在一辆公交车的后面。

马路中央横卧着一辆电瓶车。几个中年男子站在车边激动地指指戳戳，或者是吵架。电瓶车的储物箱盖子掉落了，其他未见不妥。我佩服他们不依不饶的执着。

公交车上乘坐着一群小学生。看到孩子们嬉笑观望的踊跃，我突然一阵羞愧，为自己的同龄人。土话说大人做小孩看，这是培养新一代的看客吗？或者要教会孩子们如何纠缠别人、肇事后抵死不认的本领？这一群"毁人不倦"的人啊。

人行道上，几个半大的孩子咯咯笑着窜进窜出，这种戏码显然太好玩了。

我也有一次与电瓶车遭遇。一个体格略胖的大姐撞向我车尾，车一歪，迅速斜刺出去，重重摔倒。我惊叫一声打开车门冲了上去。她搭着我的胳膊站起来说："还好，还好，别紧张。"

我一听，立即生出满心的感激，不禁埋怨自己千不该万不该，不该停在坡道的路边。她完全有理由给我一顿劈头盖脸的臭骂。

"是我速度快了没刹住。"大姐收拾停当，坦荡地说。

我一边打量她一边提醒她检查检查。她肯定地说："没事，真的没事。把你车子刮花了，对不住。"

她，一位朴素的农村大姐，足以让江湖上所有的碰瓷族、让这些吐沫横飞的男人汗颜！

对着这场事故，我又一次由衷地感激她。是她让我相信，徽州大地上还有很多纯良的人。

这个社会有传不完的借机讹诈事件，生活中我们也时常遭遇啼笑皆非的事故。有一种人，被碰倒了，索性躺下，明明能站起来，非赖着等人来抬。仿佛事态不扩大显得自己不金贵，好像与人为善就是冤大头。讹人一笔医疗费，还标榜自己有本领，管叫人闻风丧胆。

还有一种人，生活中和蔼可亲，可一旦与陌生人有交集就变得飞扬跋扈，不可一世。他像金钱，也有两面。

什么时候精神文明能像物质文明一样无可阻挠地推进？当家底富了，心底要怎样才能富足？

当我们推推搡搡理论的时候，我们在理论什么？

当是非曲直很难说清，为何不各退一步，引入宽容和友善？即使不能，也请注意一下言辞和场合。耍蛮斗狠、刻意纠缠甚至恶言相向时，请一定避开白纸一样纯洁的孩子。保护孩子的心灵，应该成为成年人的自觉。

这是最低要求了！

再坚持一下

绕过卑微的车祸现场,我如蒙大赦,很快抵达学校。

女儿在学习。我一边说"我回来了",一边放下包,搁下伞,然后换鞋。

没人回应。转头,她幽幽地望着我。

"妈,状态特别差,怎么办?"她说话了,气氛与我期望的相反。

"哈哈,既然自己知道,调整调整就好了。"坏情绪上来了,我轻描淡写地幻想四两拨千斤。

"我调整了,调整不过来!"她有点气急败坏。

我心一紧:"女儿受苦了!"走过去,搂过她的头,摸着她更消瘦的脸:"你的付出妈妈都看在眼里。"

她趁势靠过来:"真的,不知道该怎么办!书看不进去,总是分神。"

精神疲劳像雨后的蘑菇迅速冒出来。"你太累了。从开学到现在高强度的投入,已经很疲惫了。"我由衷地心疼。就好像跑马拉松,使尽了全身力气,临近终点却迈不动脚了。

"妈,你坐下来,跟我说说话。"女儿央求道。

我一边坐下一边抚着她的肩:"关键是不要给自己增加压力。情绪稳下来,放轻松些。"

"怎么能没压力！这种状态是不行的！我知道却又没办法。有时我想，要是不高考就好了。"女儿抹着眼泪，第一次说出放弃的话。我相信这是肺腑之言。"这些书有什么用！我以后不靠这个，以后用不到的！"她带着哭腔抱怨，眼前摊着一本历史书。

"你很棒，一直在突破自己，总是让我刮目相看。要不要听一听我的看法？"我硬着心肠问她。

"好，妈跟我说说该怎么做。"她急急地接腔。

"像你说的，这本历史书，把它撕掉，一辈子不读它，你也能活得很好。这个不用怀疑。"我接着说道，"现在的学习对你最大的意义并不是书里的内容，你知道在哪里吗？"

"在哪里？"

"在训练。磨炼毅力和韧性，培养学习能力和解决问题的思维和方法。这些你想不想要呢？"

"想要，但最好不要考试。"她思索了一下，耍了个滑头。

"不要考试？我现在也这样想了。你这么痛苦，我这样心疼，如果不高考我们多快乐。可是我又怕……"我看着她。

她正把眼泪抹去，问："怕什么？"

"怕你学会放弃，怕你放弃学习和锻炼。学习的好处你完全体会到了不是吗？"我坚定地望着她。

她曾不止一次地跟我说，学习使她充实，对自己有了信心。

"将来，你会面临很多考试和考验，有些你能选，更多的根本无法选择。我怕将来的你捉襟见肘，而我需要一直一直这样心疼你。"我索性把伤口拉大给她看。

一本书对我们的意义不在于字面，而在于消化它的能力和从中受到的启迪，善于学习、善于解决课题是多么重要。"这是一种终身受用的本领。"我说。

联想到自己十年前考执业资格的旧事，我和她说，悲哀的是书本内容我现在根本记不起来，而很多条款和知识也失效或更新了，但我仍然在享受考试的福利，那时攒下的专注和信心、积累的学习经验和研究思路一直在发挥作用。

"这是一道坎儿，迈过去你才能所向披靡！有对付难题的本领才最重要，就像我今天……"今天突然接到任务，一个资产组合的课题要我找出最优方案。

"今天怎么了？"女儿关心起我来。

"今天很好。只是一个课题像你的历史书，不由分说地来了。以后你也会遇到无数的考验和难题。"我拍拍她的肩，"你必须要知道，这就是成长。每攻克一个难题，每遭受一次挫折，都指向一个结果——长大。"

"可是压力实在太大了。长大真是辛苦！"她无可奈何地嗔怪。

"哈哈，辛苦之后还有甘甜，而你已经收获很大了。想想如果没有高中这番努力，现在的你是不是更懵懂、更茫然，甚至自卑和闭目塞听，那是一个完全不同的你，不是吗？"

她沉吟了一下，诚恳地说："是的，肯定不一样，完全不一样。"

"看，你已经体会到读书的好处了！怎么说呢，读书是仅次于吃饭的一件事。吃饭让人活命，这是前提。吃饭让人像动物一样活着，而读书让我们像人一样地活。"我一边总结一边笑着看她。

她用力地一下接一下点头。

"学会坚持和学会放弃完全不同。再坚持一下，是学会坚持的关键。"看她情绪稳了，我也轻松起来。

"好吧，再坚持一下。"她起身走到洗手间的镜子前，洗脸，梳头。脸色苍白，容颜疲惫。

我走过去，在镜子里看她："有时候，可以利用镜子对自己笑一笑。不要以为这是口号，不要以为心灵鸡汤都很狗血，关键时候可以一试。"说完我咧咧嘴，冲她做个鬼脸。

她在镜子里也朝我歪歪嘴。

高考的残酷嘴脸完全暴露出来，让不屈不挠的韧劲，九死一生。

从广场舞想到的

落了一天的雨，黄昏时分停了。老天很知趣，唯有如此古城的傍晚才不被荒废。中和街上比肩的人群在我脑海里行走起来。

待到抹拭停当，时近八点了。拽过手包我就匆匆往街上赶去，像一只昼伏夜出觅食的猫。华灯绽放，潮湿的路面和纯净的空气让老街归于清幽，哪怕行人匆忙又密集。

穿过古老的阳和门就是府衙广场了。湿漉漉的地面上，两组广场舞在继续。

我清楚地记得去年夏天的一个傍晚，登临阳和门城楼感受到的大阅兵似的威武气势。昏黄的灯光下，整个广场兵马密布。不同的是，她们一招一式不待你发令，兀自整齐地舞动。各个方阵独享的舞曲播得震天响，撞击到一起，直似一片厮杀的鼎沸。今天我来迟了，主力部队已经撤离，殿后的精锐还在战斗。

近几年，随着大江南北大妈们越发勤奋，广场舞越发绵密。城市的傍晚，从东到西由南到北，公园、广场、居住区和绿地的间隙甚至稍宽的马路牙子，都有连台的好戏。按说好戏连连，大家伙更滋润呀，哪知有人审美疲劳，不干了，热情似火的大妈们叫人泼了冷水。说实话，我是替投诉者捏把汗的。这不仅关乎大妈们的健康和愉悦，简直折损诸多家庭的美满呀。不让跳，你知道的，大妈都是家中的顶梁柱，背后站着全家老少呢。

女儿向我提议，可以像同学的妈妈每天去跳广场舞。我本能的反应是不，别说笨手笨脚害臊，那个喇叭声我也吃不消。忙碌一天下来，就想寻个清静。

那天下班路上，极偶然地听到广播里问："广场舞大妈戴耳机跳舞，你怎么看？"当时直想击节叫好，两不相干，各得其乐，我们的生活有爱！

站在古老空旷的府衙前，我自然想起这则新闻，于是遐想，这么幽暗的环境，演着一场场哑巴舞会是什么情景呢？我被自己趣味的寻思难住了。

在面包店，挑好食物就站下排队。前面站着一对母女。女孩四五岁的样子，还不到大人的胳膊肘，微卷的头发、白皙的皮肤，穿着一套玫红的针织棉套装。她憨态可掬，活泼好动，伸出双臂去够母亲的肩头。一会儿又把手臂放下，手放下的同时，顺便拉了拉往上缩的衣服下摆，使自己恢复舒适和体面。我会心一笑，这小小的人儿，已经获得了一定的做人经验。

联想到无声的广场舞，我忽然忧虑，假如女孩在回家的路上遭遇一群张牙舞爪、不停抽动的人影，又寂静无声，一定会吓破胆子吧。她已经有了小小的人世经验啊，她还处在一个害怕鬼神的年纪。

其实我也会被吓到，我经常走着走着就走神了，思绪飘移得厉害。假使一抬头，面前轰然出现幢幢的舞动的黑影，一定会七魂出窍！

黄昏以后的广场舞还是放点音乐吧，只是不要沸反盈天。尽量降低分贝，对轻柔的乐曲产生抗拒的人毕竟少些。假如哪位大妈特别需要大音量，您再个别添个耳机吧。白天的广场舞倒是无声的好，一来不给这喧哗的世界雪上加霜，二来优美的舞姿若不招待见，各位看官，您凭着心扭头就行，就不劳烦控诉啦。

其实广场舞成为一个疙瘩，根子在于音量。不知为什么，我们有很多人个性羞涩、含蓄甚至怯懦，却喜欢虚张声势，广场舞的大音量其实有着生活背景。不管是集市、大卖场还是小卖部，甚至书店，我们的公共场合，如若播放歌曲，必是摇滚和通俗，音量总盖过你说话的声音。你若要说话，必得高门大嗓，脸红脖子粗。

我们的世界经常是吵吵嚷嚷的。

关于乐声的响亮，从根性的传统上挖，可能与本土的民间乐器——锣鼓、唢呐等有关，那些个喧嚣啊真是振奋人心。只是传统中得逢着婚丧嫁娶、侍奉鬼神等一些大事才动用。关于嗓门大，可追溯到农耕时代，那时人们在田间地头对唱山歌、隔河相唤，嗓门嘹亮是自然造化。

也许近代的扭秧歌又添了一把火，把高调撒欢的兴致像秧苗一样，植进了大妈们的心田，使之一得土壤就蓬勃起来。

写了这么多，其实我只想说，什么时候我们的生活能安静一点啊！

说话和放音乐，轻柔一点行吗？

我会调整回来

　　自从说出"放弃"的话，徒添了我的担心。俗话说病来如山倒，放在精神层面同样灵验。心疼她却不能帮助她，应该是所有家长的困顿。

　　第二天大姨来看望她。她笑得很开心，说好久没见到大姨真想啊。弄得大姨又高兴又心疼，毕竟连着肉呢。她几次三番忍不住夸女儿，长大了，懂事了，状态真好。是吗？我有些惊讶，昨晚还撕心裂肺，今天居然得了这样的评语。看来我这老妈先入为主，让担心蒙了心眼。

　　送走大姨，女儿便自顾自看书，写作业。那个状态，好像从来没发生什么。

　　看来是我多虑了。

　　然而又不敢乐观，战胜畏难情绪并不等于一切安好。她学习的状态有细微的变化，这变化隐隐的，不具体、不凸显，兴奋劲儿不比从前。

　　第三天，她向我求救："妈，能不能帮我问问班主任，有什么好办法？"这孩子，没有大事决不提这样的要求。

　　我的死党义气上来了："好，你让我去，我义无反顾。"我明白，她是怕在老师面前控制不好情绪。按她的说法，在老师和同学面前谁不死扛呢，只有在老妈面前，憋屈才能一股脑儿倒出来。

"调整!"老师的金玉良言,言简意赅:"这是普遍现象。调整心态,调整作息,应对考试的知识他们都有了。"

我如实转述,另外添油加醋:"少思虑,多休息。勿以分数高低论英雄!"

今天傍晚回到家。她正准备去教室,突然就说:"妈,放心,我会调整回来。"拉开大门又回过头:"我和同学商量好了,不用太在意你们的安慰。你们只是不想我们太辛苦。"脸上有着洞烛一切的笑意。

"喂,你们想怎样?"我追过去。

她的背影,迅速消失在楼道拐弯处。

好消息

全市三模之后,就剩最后一个月了。学校还有三场考试,这不,第一场很快来临,成绩说着就出炉了。毫无悬念,女儿延续了三模的状态,其间短短的几天,是在挣扎与反挣扎中无可阻挡地溜走的。

前段时间,成绩一鼓作气扶摇直上,给了我们极大的信心。我们似乎被一番姹紫嫣红所陶醉。如今才明白,好成绩易攻难守。细微的松弛本不易察觉,女儿警惕了,仍然出现这样的局面,我安慰她:"人不是铁打的,状态差一点是正常的,关键是及时调整。"她也说会调整回来。现在想来,调整,需要时间。

高考这张青春的战书,有着姣好的面容,让你以为可以像盛世欢歌一浪接一浪直推高潮。而骨子里的阴冷、坚硬和残酷，等你满怀热情扑上去才能深深体会。

我们被寒气裹挟，探讨起不乐观的结局。女儿话锋一转："如果考不好，固然很没面子，可我最主要的感受是对不起老妈！你这样辛苦地陪我。"

我很惊讶，我向来反对以陪读交换成绩。我跟她说："我从没想过用陪读绑架你！陪读不是别的，是我选择的生活。你不要有心理负担。"

确实有些家长让孩子背上了这种包袱，这包袱也真真激励过不少好孩子。我仍然选择真相，我的陪读不是别的，是生活。

女儿明白我的感受，纠正说："是我心里会有这样的歉疚。"

看着她的认真劲儿，我笑了。陪读虽不安逸，却是我想要的，我一直在受益。而她的成绩，我从未将它与面子挂钩，我更在意里子。我说："你要知道，不论你上什么大学，成为什么样的人，都是我的宝贝，我无条件全盘接纳你。我所以这样表白，是不希望你靠外在的激励去坚持。你内心想把书读好，并且你能做到，这个最重要！"

这种表达是有风险的。我一不做二不休，接着说："好比逆境中的崛起固然好，在我看来却不如顺境中的坚持可贵。能被顺境激励才是真正的强者。一条虫在绝境中可以爆发出龙的特质，但回到生境，它还是一条虫啊。"生活中逆境毕竟少，而从一个母亲的私心出发，谁愿意她一辈子被逆境推着或被他人鞭笞呢。

第二天她告诉我："老妈，我决定了，不管怎样我都不放弃。不管高考结果如何，我都会深造，继续读下去。"

这与我的心思不谋而合。我不由得长舒一口气："是啊，高考不是读书的结束而是开始,人一辈子都是读书生涯,想怎么读就怎么读。"其实有了深造的理想,在我心里,她的高考已经合格。

第二天清晨,她快速起床,坐到椅子上张口就读起书来。我这才发觉,琅琅的读书声已经久违了。我说:"记得春节前后宝贵的'冬三月',你就是这样读的,不知道什么时候断了。"

她也承认:"是啊!说明状态悄悄变了,我却不知觉。现在我又充满了斗志,对我来说,挫折也是好消息。"

我忍不住想赞叹越挫越勇的她了。

对于心气未稳的孩子,有时候,考砸了也是好消息。

班　服

倒数第二个周末,丫头们上学去了,我照例在厨房一番洗洗涮涮。

窗外,下山的路上,一位穿红色外衣的大妈挑着担子往坡下赶,担子一头是碧绿的青菜和紫红的苋菜,另一头是金灿灿的马铃薯。精神一振,满满的问政山的清新啊!我提醒自己,马铃薯和苋菜上市的时节,我们告别问政山,该成为一种标志性记忆。

一位大伯也下山了,一头是绿油油的韭菜,另一头是沉甸甸的鞭笋。春笋过后,问政山的鞭笋一直源源不断。其实问政山的四季都是源源不断的。坡下有女子的叫唤声细细传来,待到靠近才听清了——卖土鸡蛋。两个陪读家长围上去，做起了买卖。

对于即将离开的人，一切堪可留念。

我的手里洗着女儿的新班服。昨天全班同学穿着班服，为毕业典礼预热，照了个性化的大合影。一件短袖圆领T恤，纯白色底子黑色图案（另一件颜色相反），袖口上标示出班级，胸前烫印着六个漫画像——六位任课老师！背后，斜印着一个英文单词"HAVE"，女儿说这是"有"。

这班服就是最隆重的时光之书。对于一群即将离别的师生，还有什么比它更具标志性吗？

就是这件班服让我意识到身为家长的狭隘。一直以来，我关心女儿的成长、自己的进步，却从未关注背后默默付出的一群——学校的教职人员。是一代又一代忘我付出的他们，造就了学校浓厚朴实的学习传统和优异的教学成就。我一直都清楚女儿高中阶段的付出和努力，她每天从早上七点到晚上十点都在学校，除了吃饭、午休，鲜有放松。我像所有慈悲的母亲，一心疼她、呵护她，而她的老师们呢？老师的辛勤是家长看不见的，孩子们在学校的漫漫时光是他们陪着。那么多孩子要关注，那么多孩子要解惑，实施教学方案、分析学习差距、随时随地答疑……时间和精力的捉襟见肘，使他们顾不上自己的家庭和孩子。

孩子们铭记了这一切。当他们选择班服，铭记便有了承载，他们亲自设计、亲手绘制，然后委托制作。

班服发下来那晚，我又在窗口等女儿。左等不来右等不来，最后我又拉上了窗帘。这时女儿敲门了，在门外得意地说："就知道你看不见我，哈哈，因为我换了黑色衣服！"

进得门来，便见识到神奇的班服了。黑色底子上，白色的画像又抽象又诙谐。老师们跃然胸前,女儿让我指认,然而天知道我有多白痴,三年陪读,六位老师,我自鸣得意地认出了一位,又在女儿的启发下认出了第二位。女儿嗔怪:"妈,怎么连我的老师都认不出呢?太让我伤心了。"见我抓耳挠腮脸上挂不住:"算了,你当然不认识,是我的老师呢。知道吗,这班服,每个同学穿着都好看!"

为消除尴尬,我问:"为什么人人穿都好看,你知道吗?"

我预备普及一下黑白T恤的审美,哪知她接话挺快:"当然知道,因为印着亲爱的老师们!"

"……"我准备好的话语被堵在嗓子里边。在伟大的师生情面前,还说什么服装的颜色和款式?我由衷地赞叹:"一群好老师培养了一群好学生。作为其中的一分子,你很幸运!"

"快、快、快用手机拍给我看。"女儿顾不上我的抒情,说完就站直身体,摆出姿势,待我拍了一张,立即转过身去,亮出背影。

我忍不住地问:"班主任,什么时候成哥了?"班主任单名一个"有"字,被印在了身后,大写的字母中,是全班同学姓名的随机排列。

"嘿嘿,多亲切啊!"她没心没肺地接腔。好吧,亲切!我仿佛看见一群孩子跟老师勾肩搭背的样子。有什么关系呢,口头上大而化之,实际上熔于一炉。"而且这个字的含义很好。"女儿补充了一句。

"是的。有,在所有祝福语吉祥语里它没当过主角,见到这件衣服才发现,这个字寓意深远。有志、有为、有理想,甚至一切,哈哈。"我忍不住生发起来。

女儿一边检查拍摄效果一边嘱咐:"这衣服,洗的时候要小心哪!"

"明白,绝不机洗!"我举手保证,对于宝贝,我态度还是好的。

于是我的手里洗着新班服。

我提醒自己，动作要轻柔啊，蹭掉哪一块都是罪过。回念一想，服装烫印早已是成熟技术了，至于要这样小心翼翼吗？放心了，动作却仍然放不开。

我不禁笑了。

这衣服不是脆弱，而是神圣，我是不自觉地怀着敬意哪！

人各有别

早晨，同学吃完面条先走了，女儿还在唇枪舌剑。同样一碗面，她吃需要十分钟，而同学五分钟就够了。差异小却显，近一年的努力没有消灭它，女儿不再追逐，她承认了人各有别。

我想我也该承认人各有别。每个孩子的人生，目前看基本雷同，高考之后，他们将像天女的花朵被撒向广袤的大江南北，就读不同的学校、不同的专业，然后进入不一样的行业和岗位，画出各自不同的轨迹，人生迟早要大相径庭。

女儿后一脚也出门了。我照例一番快刀斩乱麻，然后出门上班。陪读的最后几天进出校园和城东路，感觉似乎有所不同。

隔壁楼的下边有好大一丛金丝桃，开满了金盏一样的花。花儿明晃晃的，后浪推着前浪。前浪的花儿一边凋零一边用细长的花蕊牵枝绊叶，不肯撒手地纠缠着，结成一团斑斓的茧。它的边上，一棵栀子树突然就开满了月牙白。水泥路护边上，一丛丛韭莲三三两两地绽开了粉脸。小公园的石榴花红彤彤地照了近一个月，赶早的果子像四个月的孕娘，肚腹毫不客气地往外鼓。

看，校园这端庄的闺秀，在我们行将离去的时节，再憋不住，撩了撩青色的袍子，秀出艳丽的裙底来。

从城东路出去，两座坡山夹峙着的路边是两溜老民宅。这些宅院前，枇杷金黄的果子正渐渐稀少，一人多高的南天竺举着细白的花串儿，石榴花高，栀子花低，结着伴儿守着简朴的门楣。一丛粉红色的蔷薇密密匝匝从墙头披挂下来，于是寻常人家便妩媚起来。

记得当年刚到城东，被墙头异常绚烂的凌霄花吸引。后来吸引我的还有公园、校园里绵延不绝的紫藤。这些家常的花卉在我三十公里外的原住地遍寻不见，那里多时兴改良的"现代"品种。我曾站在这些墙外天真地想，将来与左邻右舍混熟了，一定要弄到它的种子或扦插的藤苗，种植到我的家去。我对古城、对城东还生出一揽子企划。

有问政山探幽、古城寻迹、周边览胜，各大花果胜地的农家体验……

如今想来何其可笑，只一段生活，何须太多目的？人一不留神就沦为俗物。要知道啊，我获得了三年的好光阴。这三年，拿平和包容的心，掂着两地景色和风物上的差异，明白了一件事——倾尽全力去消除差别，其实得不偿失。信息与物资传递的便利已经使得世界大同，还斤斤于细微的差别，是要彻底消泯个性之美吗？

还是容留差异吧。

就像人，各有千秋、各有所长，你无须把谁谁都往同一个模子里摁。

橙色五月

今天是五月三十日,周六。高考前最后一个真正的周末——女儿不上晚自习。炖了一锅老鸡汤,煮了女儿爱吃的麻辣鲫鱼,权充加餐。丫头这两天的状态逐步恢复,情绪恬淡平稳,好像做到了——"我会调整回来"。三三两两扒拉下肚,打着饱嗝,她提议走走。我们俩手牵手,从后门走出去。

校门外的右边是一片拆迁后的瓦砾,为学校改扩建做的准备。数年后,学校将规划考究、布局科学,一片锃光瓦亮,不再是现今朴拙的样子。但有一点可以放心,那些古老的建筑物一定会得到完好的保护。就像门外这一幢老宅,它单门独院孑然立于瓦砾中。

老宅围墙的一边被凌霄花藤严严实实地覆盖,徽州的粉墙黛瓦在岁月的笔墨下,更加厚重古意。碧色连绵的花藤给了老宅盎然生机,却仍是低调的,除非橙红的凌霄花华丽登场,似一座不动声色的老窑,突然捧出青花釉里红,华采,古艳。

第一次见此花,就在这城东。高一开学的秋天,它开得熙熙攘攘,迎风颤动,使静止的屋舍也动荡起来。于是在我心里,凌霄花是属于秋天的。

最近见到花藤,我总馋馋地望,然后痴痴地想,等不及了,等不及了。

我们走出校门,远远地又向那墙头望去,一个橙红的小喇叭对着天空鼓腮帮。"看哪,凌霄花开了!它居然开了!"我惊讶又兴奋地叫起来。定睛再看,这喇叭的周围结满了大大小小的花骨朵。瞧这架势我便知道,接下来的日子,它会像鞭炮接二连三地炸开,再往后它就是火焰,成片成片地燃烧。

枇杷就不同了,已经逢了盛世,大批量上市了。

三潭枇杷,五月上旬就陆续上市了。那时的路边,偶尔见着一篮两篮,便像今天见到凌霄花一样兴奋。馋得不行,急急买回来吃,味道又甜又酸,还没完全入味。但我们知道,这枇杷,同样是四季精华的缩写,于是吃起来仍是欢喜。

女儿没有时间亲自剥皮,便由我来代劳。用小瓷碗盛着递到案前,她思考的间隙,两指一夹,便一颗入口。有时我也想,侍候到嘴边是中国家长最招人鄙薄的地方,代剥枇杷是饭来张口、衣来伸手的升级版。可又一想,枇杷是本地最著名的佳果,集合四季雨露,错过了等于错过四季,于是没出息地一犯再犯。

常常地,等她把那几个枇杷吃掉,我这个馋猫已经把自己喂饱了。

其他水果,我们连着吃两天便会歇歇,唯有这枇杷百吃不厌。不间断地,一天天一碗碗,就把枇杷从酸甜吃到了深甜。这个时候,枇杷就在古城唱起了大戏。大街上随处可见一筐筐橙色的果子,像婴儿一般长着细白的绒毛,煞是诱人。几个枇杷集市更是连绵地排开了阵势,买卖甚是欢畅,仿佛整个古城都泡在橙色的汁液里。

五月的朋友圈,好友们在"三潭"采摘枇杷、选购枇杷的图片,就像枇杷果,一浪接一浪地唱起主角。我没去那个火热的现场,而是安心于生活圈。城东路边每天都能看到，那几棵不大的枇杷树上果子澄明地挂着，作为五月的招幡。

我和女儿走在这橙色的五月，属于枇杷的五月，殷实又华采的五月。

记得陪读的第一个五月，突然某天，也是这样的黄昏，一位好友从天而降，将我带过练江大桥，去到一个枇杷市场。"就知道，不带你来，你便摸不着门径。"他说。那时枇杷刚刚上市，由此发端，后来我便陆陆续续发现了另外的枇杷集市。

枇杷一次又一次熟透了，不速之客再也没来。于是没有新的惊喜，只好乐天知命，把五月交给枇杷。吃着吃着，就想起那个黄昏，橙色的黄昏。

其实，枇杷会一直供到端午，也就是说，六月的大半也随处可见枇杷的橙。而六月，橙色的凌霄花也开了，它会一直把橙色开进深深的秋季。

废　墟

五月的最后一天，周日，晴。女儿上学。我利用休假，整理出一批物资——衣鞋、药物及其他，像南归的燕子，回家垒巢。

上个月陆陆续续搬回的衣服、被褥，还粗糙地塞着，与原住民一起，把衣橱挤成煮熟的粽子，眼看就要爆开。返家的途中我告诉自己，今天必须下力气、下决心了！

两个女人在外生活了三年，新置办的家什已经用成了旧物，不断更新聚集的衣裤鞋袜堆成了小山。运回一半，与原先遗置的财产一合拢，就深深体会到什么叫殷实的家底了！殷实到被絮塞不进壁橱，衣服抽不出一件，脚踏不进储物间。

满满的，一切都满满的。

赶到家，大包小包拎进客厅，就俨然物资中转站了。新主子进门，旧人只好哭着离开，我捋起衣袖清理门户。

首先拿女儿的衣橱开刀。那里还塞着她N年前的小衣。女儿是贴心小棉袄，如今小棉袄长大，橱里的小棉袄、小毛衣统统失宠，扔进丢弃的口袋。抽屉里的小手帕、小裤头，看起来萌萌的可爱，却是咱家老牌的废墟，显然多年以前就该清理了。

然而我留了一批质地优良的冬衣，打包塞进楼上的旧衣橱。那衣橱专为废墟而设，是堂而皇之的时光收容所。里面还有我当年的嫁衣，婚姻都成了废墟，我不明白留它何用？然而不思量，留着是种习惯。

女儿的衣橱腾空了，把她的衣物按季节排序，一一请进去，把原先挤占我的地盘清出来。

再审视自己的衣橱，三五年没碰过的衣物已是大多数，然质地不错、耗资也不菲，款式简洁经典又耐得起品味。我咬咬牙，说服自己——暂时留着吧！于是上蹿下跳，左塞右摁，挪出一小块地儿，塞进新请回来的主子。都说新人旧人济济一堂，迟早要出乱子，可我又变回懦弱的好好先生，无奈地挤在夹板里。

关上橱门，我知道，里面仍是满满的废墟。

最近一年，咱娘儿俩偶染小恙，三三两两领回的药物积存了一大袋子。带是带回来了，有何用处尚未可知。但是不敢扔！似乎扔了便会生病，管叫你立即悔青肠子。家里的药屉满是早年的陈货，维生素、抗生素，头疼脑热、感冒发烧，外加跌打损伤的克星，像秦始皇的兵马俑齐齐地杵在坑中。

有效期！有了这，我再也不用优柔寡断。无一例外，期限全止于去年。原来这兵马俑全是不能打仗的，嘲讽之余，心突然一阵疼，这花了多少冤枉钱呀！衣鞋好歹穿过，药品密封包装，都还崭崭新。又阿Q地安慰自己，没吃这些药说明咱身体倍儿棒，心下才舒坦回来。

把始皇帝的老部队一股脑儿扫出去，为新战队腾出道场。默默祈祷，这支新部队也别打仗吧。

不打仗这些药就是废墟。

玄关的鞋柜，因为狭小，早年即视如敝屣。把里面的皮鞋、棉鞋、拖鞋，全部掏出来，连同纷纷扬扬的灰尘，统统扫进垃圾袋。彻底光复一片失地，我有些扬眉吐气，把带回的新宠像菩萨一样供进去。

待起身，客厅里堆满了废墟，五颜六色的废墟。当初请进家时，那么光鲜亮丽，活色生香，如今都枯了、旧了、丑了，我又纠结又畅快地丢弃了它们。

我知道，我的房间、楼上客房还有储物间，仍是满满的废墟。有些习惯了相守，有些是不敢糟践。我的爱惜心，常常在面对废墟时觉醒过来。

于是我们返家仍然要面对废墟。

也许生活就是一个废墟场。我们不断制造废墟，时刻与废墟为伍。有时我们茫然了、困乏了、心情沮丧了，会发现，自己才是最大的废墟。

都是好的

学校要筹备考场，我们得提前两天离校。今天就成了高中的最后一天，女儿特地穿上了白色班服。

这件班服，除了在毕业典礼上隆重出镜，还和同学们用自拍杆留下了各种搞怪的影像，那天之后我再次见到，它已经面目全非。

整件衣服签满了老师和同学的名字，还有激励和祝福的话语，密密麻麻，纷杂，零乱。

纯白的T恤，成了活生生的签名簿。我惋惜地说，好端端的一件衣服，再也上不了身！又立刻在心里批判自己的庸俗，它的纪念意义远远超过了实用价值。

然而女儿穿着它上学去了，没有在意个人形象。我想我又狭隘了。

"要分别了，得穿它才行，给大家留个深刻的印象。"她说。

下午我回校接她。她的长发已经梳成中分，低低地扎了两把扫帚。见我惊诧，便解释道："他们喜欢，最后一天了，满足他们。"她告诉我，这是一个漫画形象"大脸妹"的发型，与平时的调侃和绰号有关。她完全可以很淑女，然而她不管，百无禁忌去迎合。

我不禁想，这是怎样一群亲密无间的孩子啊。

回家路上,她自拍了呆萌的形象发到QQ空间,写上离别感言。一边不自觉地叹息,缓缓地说:"就这样分开了,真舍不得……"

我内心一紧,这孩子又伤感了。大大咧咧、心浮气躁的她害怕别离。初中毕业的离别会上,她那篇一气呵成的离别感言催下了全班同学的热泪,自己更是哭成个泪人。最近,自毕业典礼以来,她一边紧张地复习,一边抗拒不良情绪,一边还沉浸于这感伤。假如没有"高考"这座大山镇着,今天分别的情绪一定又难以扼制。

不想这情绪蔓延,我打趣道:"你记不记得,刚分到这个班时,你怎么说的?"

"怎么说的?"她有口无心地问。

高二文理分班,她因为留恋高一的老同学,常常一下课就往那边跑,很不安心。传到我耳里,自然要与她探讨一番。"那时你说,高一的同学感情最好,最团结!并且,再也不会有哪个班能像你们这样好了。"我从大脑里原封不动地调出她当年的名言。

她扑哧一声,顿了顿:"当时确实是这感觉。"

"记得我怎么劝你的?我说只要你融入,新班级的同学也都是好同学,而你当时说不可能。"我说。当时虽然分班,却离得不远,所以她能频频回顾,显得很"管不住自己的脚",自然就对新班级缺乏感受。

"是啊,都是好的。可惜那时不懂得。"她已然承认,现在这个班级,经过两年的相濡以沫,也是无法超越。

"'都是好的!'这多好。纯真的同学关系,非常珍贵,你说是不是?"我不禁感慨。

"怎么说?"女儿显然吃惊于我的感叹。

"知道吗，你们的单纯、友爱、善良和坦荡是成人世界稀缺的。但愿你们走上社会还能一直保持，保持这'孩子一样的天真'。"我由衷地说。

都是好的。

所以每次分离，都会用力感伤。

此时无声胜有声

往年高考，我只是社会热心人士。被社会舆论牵着，跟风关注，投入维护秩序的大讨论，或者人云亦云地指摘高考的种种弊端。

往年的今天，女儿通常被放假，为高三学长腾地儿。

高考期间出门，都谨慎地避开高峰，美其名曰"给高考学子让路"。是啊，莘莘学子十年寒窗，一朝应试，期望进入理想大学，从此学业仕途功成名就，展开辉煌人生，有着不容忽视的神圣。"万般皆下品，唯有读书高"是我们的民族情结呀，读书和应试受到瞩目，仿佛顺理成章。

当自己遭遇高考，日子一天天临近，女儿一心扑在学业上，在题海中沉沦与挣扎，与意志周旋斗争。我则满是关注和心疼，沉湎于陪读的最后时光，一分一秒地掐着。当社会上高考话题再次热起来，我们反倒成了局外人。

原来所有热点都属于旁观者。旁观者不在局中，于是有诸多想象和猜测，最终把一件寻常的事推到难以置信的高度。我甚至怀疑，高考孩子无法遏制的紧张与恐惧，除了来自难上加难的考卷，是否还与从小到大的外部感受有关。

于是我们淡淡地,对社会关注一笑置之。

但是今天,考前的最后一天,在去看考场的路上,听到广播里倡议高考期间"无声胜有声"时,心头猛然一热。关键时刻,一颗坚硬的、自以为无须安抚的心蓦地融化了。

"看,大家都在关心我们。"我忍不住对女儿说。

"是啊,都这么热心。等自己高考了,才知道其实没什么特别。"她说。看来母女俩所见略同。

"有人关心还是挺温暖的。"

女儿淡淡地说:"我告诉自己,不就是高考吗,得有平常心。比如今天上午,楼下人家放歌曲的声音好大,我只惊讶他们自己怎么受得了。"

歌声?我没察觉,想必忙于做饭。然而她话锋一转:"其实你的动静也不小。早上切菜,声音嗒嗒嗒的很响。"说完瞄我一眼。

"怎么,我吵到你啦?"有些不好意思,还自以为不粗鲁,不用特别谨慎呢。

她轻描淡写地说:"反正我不介意,那时已经醒了。再说,不就是个高考吗,不至于。"

我偷捏一把汗,幸亏人家没有怪罪。平常心真是太重要了。

然而平淡的现实往往会出现一些曲折或跌宕。看似不重要的外界宣传,当你不在意,天道冥冥,却能让你见识什么才是不可或缺。

这是高考前夜。我嘱咐女儿,按时睡觉,以保证应试状态。双双进入卧室,却发现楼下的排档一阵阵说话声鼓荡上来,清晰、爽朗,有如天人之语。硬着头皮躺下去,枕着高谈阔论,我们辗转反侧,怎么也无法入眠。

午夜的城市，空旷，万籁俱寂，一点声响就如脱缰的野马，毫无章法地奔突。我心里想着，别说高考，就是寻常日子也扛不住啊。沉默了很久，女儿终于和我商量："不如，我们报个警吧？"听语气，多权衡之后的无奈。

于是我拿起了电话，厚着脸皮说明家有考生，请求援助……

楼下很快响起了劝告的声音。

世界归于寂静。

看着女儿沉沉睡去，我由衷地感激——此时无声胜有声啊！

妈，我走了

昨天下午我们去看考场。

考场外，整条道路都成了汽车的海洋，人们穿行其间，熙熙攘攘的。高考的盛大不言而喻。女儿一边往里走一边深呼吸，眉头慢慢皱了起来。

"往年围观别人高考，没想到今天自己成了主角。"检查了自己的应试桌椅，听完英语听力题的试播，我们的主角一边走出考场，一边发出了感慨，还有长吁短叹。

箭在弦上，我不知如何开导，只好说："你做了充分准备，不要担心。"

我也一样。习惯于旁观，多年来热衷参与各种讨论，说作为家长该如何如何，如今想来都是嚼舌头根子，当情绪被她牵着，很多时候是黔驴技穷的。

同学发来祝福，让她放下包袱考出理想成绩。她很欣慰，然而内心仍是一拨接一拨的紧张，压力分分钟就要爆表。

"妈，真的好紧张！万一发挥不好怎么办？"傍晚我在煮饭，她特地跑上楼来。

"你看天空中的絮状云，真不错；还有，去看看我们的花吧。"我跟她嬉皮笑脸。

哪知她果断地说："妈，你别打岔。真的不行，想哭！"

我走过去，看着她："不要给自己太大压力。你一直在努力，你能行，要有信心。"

"不想三年的努力白费！不想！不想！"她身子一歪，坐在了楼梯上。眼泪止不住掉下来。

都说努力增加信心，然而这时却成了负担。我只能说："你知道你努力了，做了充分的准备，为什么还要紧张？"我索性也坐下："你用三年把枪杆子擦得雪亮，把足够的子弹推上膛。只要扣动扳机，瞄准，射击！"我看着她，一个被高考压得透不过气来的孩子。

"但我真的担心，担心一切努力因为一场考试而付诸东流。"她说。

"成绩和大学录取有关，却不会让你的努力付诸东流。况且你能行！记不记得你的同学怎么说的——你可以的。班主任也一直看好你，说你没问题！在妈妈眼里，你一直很棒！为什么反而害怕？你不需要害怕！"我目睹了她的所有变化和一切努力。关心则乱，她只是想取得该有的成绩。

"妈妈也说过我从小就好强！我不想平庸，我要考出好成绩。可是我太焦虑了！"她束手无策了，焦虑首先摧毁信心。

我更担心她的承受能力："好强是很好，但需要一颗强大的内心。只有内心强大才配去好强。匹配很重要。"其实我完全没有把握，她听了会不会更加烦躁或沮丧。

然而她受到提示，说起有一道提纲上就写了一个女孩面对截肢时的强大，使我想起古城那个残疾女子。自然而然，我们聊了起来。我跟她描述了心目中那个优雅的形象和我内心由衷的敬佩，女儿完全被她吸引了。"如果没有强大的内心，她不会那么高贵！那是种让我们自惭形秽的高贵。"我握着女儿的手说。

女儿若有所思，表情不知不觉柔和起来，擦去泪水站起身："好，我想我该去看书了。"

她镇定了。再次从书房出来时，她告诉我："我现在非常平静。"接到老师特地打来的电话，交流了十几分钟之后，她甚为幸福地说："看，我的老师记得我，真好。我的斗志又回来了！"

高考前夜，小宇宙绝地重生，终于又充满了能量。

今天早上，她心境坦然，气定神闲，再次穿上那件满是涂鸦的白色班服。

考场门口聚集了黑压压的人群，高考的庞大场面我们终于真正见识了。进场时间一到，她轻轻说了句"妈，我走了"，就朝涌动的人群走去。

我看见她的背影汇入汹涌的人流，迈过考场大门，拐弯，消失。一股不明的浪潮涌上心头。"妈，我走了"，一句轻描淡写的道别，由多少汗水和泪水历练而成。

她终于走进了考场，这个万众瞩目的考场。

因为这场考试，她离开母校，离开朝夕相处的同学，从此各奔天涯。通过这场考试，她也将离我而去，以一个成年人的身份奔赴前程。这场考试更似楚河汉界,把少年的人生划分得泾渭分明,前面是成长的喜与痛,后面是充满挑战和未知的沧海桑田。

看到这背影我才明白,含辛茹苦十八年,创造了一个毅然汇入茫茫人海的背影。还有那句"妈,我走了",将被重复无数次。

藉由这个背影,我三年的陪读生活结束了。

PART 02

后高考时代

一个人的深夜

三年了。三年来我第一次坐在自家的电脑前，敲击键盘，码字。头脑里那些盘旋不去的文字，好像一股暗流，稍不留神就往外涌。

今天，女儿独自一人去了深圳，去看她爸爸。十八岁刚满就独自去远行，这一直是我想做的，没想到她乘坐高铁轻轻松松就做到了，身上揣着通行证、身份证和护照，一副走天涯的样子。对她来说，长大就是这么牛气。而我呢，长大、成熟，甚至眼见老去都是无益的，一个人的旅行至今不曾有过。

三年前我决定陪读，就一心想着三年结束返家，恢复寻常日子。可以说，坐回屏幕前码字这一幕，从一开始就令我神往。

那时的我，是多么庸常又多么天真。

我当年怎么也不会想到，经过三年的异地生活，回家的两个人已经不是当年离开的样子。那时的女儿对前路充满迷茫，而我是那么慌张。害怕理不顺彼此的关系，让本不和谐的母女关系分崩离析，于是想逃，幻想传说中的"山中一日"，把这世上三年像一张面膜轻快地揭去。

我当然更不能想象，我们居然乐在其中。当三年被匆匆揭去，坐回原来的位置，却恍恍惚惚仿如在亲友家做客，不够坦然也不太适应。我大多的文字，是在手机上点点画画写成的，我的右手食指承担了大部分工作。当我可以双手共同合作成就我的篇章，却一时找不回那份娴熟。

女儿已经看清，前路的平坦和宽阔与自己的努力相关，于是没有怀疑，不再彷徨。通过三年的努力，她找到了自信和勇气，一扫原先怏怏不乐的神情。

她越来越有主张。虽然高考之后，尘埃远未落定，她却让自己的暑假有声有色。这令我一个中年人，在一大堆俗务里时不时抬头仰望，跟在屁股后垂涎。好吧，逍遥去吧，过不了几年，这说走就走的旅行就像我一样变得遥不可及。我推己及人，支持她的一切决定。

于是这一个人的深夜，我正好练习码字。

自从六月四日回来，已近四十天了。日子一直以两条线往前推进。一条以高考为起点，在忐忑中等待成绩，纠结中填报志愿，现在等待录取通知。另一条线是我们寻常的小日子——在搬家后遗症中沉浮，与废墟做斗争，手忙脚乱地过日子，直到现在还没回到正常轨道。

这后高考时代，亦有诸多感慨。

这段失常的新生活，正好借助女儿离家的一周梳理梳理。

高考，也就这样

话说最后一场考试，女儿从考场出来，阴沉着脸，极其不悦的神情。我想，高考终究是图穷匕见了，于是默不作声，一路跟着往回走。

前三场，总体的感觉是并不难，数学甚至极其简单。走出考场的孩子们，表情轻松愉悦，好像放学了一样。这最后一场，我左顾右盼了一下，孩子们一如既往的轻快，家长们的表情里更有石头落地的舒坦。毕竟高考的锁链已经挣脱了。

"妈，我真不想交考卷，你知道吗？题目实在太简单了。高考啊，怎么能这样？"女儿终究忍不住。

原来如此。

我们并不记得有谁说过，高考一定是难上加难的吗？只知道多少年来，高考作为全国性人才选拔考试，高度上需要仰望，战略战术上更要全力以赴。我们一直的目标，就是如何练就十八般武艺，把战争的级别一升再升。

于是题目越来越刁钻，应考的竞争接近白热化了。

我理解女儿的不忿。把枪杆子擦得雪亮，把足够的子弹推上膛，就是为了能在这场考试中证明自己的实力。考试前不可扼制的紧张情绪、好不容易鼓起的勇气和志气，一拳头打出去，打在了棉絮上，憋足的一身劲蓦地没了出口。

她一定在想，早知如此，何必当初啊。

于是我笑了笑："你放宽心，出题简单与否都能决出名次。假如你够细致，你自然能取得该有的分数。结局是一样的。"

"可是，这对于擅长做难题的同学是不公平的。"女儿点了点头，但仍然鸣不平。

"虽然如此，但真正的强者不至于败北，他们的磨炼体现在了个人品质上。降低难度却给了大部分孩子更多的机会，如果够细致就能取得比平时更好的成绩。我们必须承认，踏实细心是一种能力啊。为什么不能给他们机会？"我又开始打圆场。

女儿以粗心著称，而负面情绪没有价值。我索性打起预防针："假如平时成绩一般的孩子，拿了比你高的分数，你也要服气！那是他的能力得到了发挥。"

"好吧，我懂了。可是这样的高考，还是让人想哭……"

不知什么原因，今年的出题难度低到让人想哭，是我们怎么也预料不到的。孩子们一直与难题偏题做殊死的搏杀，不想被考卷四两拨千斤。

事物的改变都一样，总是几家欢喜几家愁。无论出题者出于怎样的考量，我都私下觉得，高考难度的降低，体贴人心。如果能持之以恒，将免去多少痛苦的煎熬和多少不眠的夜晚。越基础越有普适性，大多数人的一生是跟基础知识打交道的，这部分构成了社会金字塔最坚实的底部。而高难度的应用，应由少数专业人才去完成。人人都去争当少数专业人才，也许正是智力与精力的浪费，也让教育资源更加捉襟见肘。

那些人人争做的高精尖的题海，突然就有了浮夸的嫌疑。

该做什么

人是惯性动物，生活秩序一旦被打乱，容易找不着北。

结束陪读至今，我的日子，每天二十四小时一分不少地过着，内心却充斥着游移不定的梗阻。而正常轨道上的上班、奔忙和休憩，无非是目前这个样子。看来是某些神经没顺过来。

推己及人，女儿结束高考时的手足无措就不足为怪了。

从考场出来，便由她挑选，直奔老街的一家美食城就餐。古色古香的美食城是她顽童时期就爱穿梭的地方，人声鼎沸，食客满堂，仍是当年的气氛。

"哎哟，竟然不用做功课！真不适应。"坐下不久，面对刚端上桌的美食，她没找到昔日的感觉，忽然尖叫着站起来。

我打了一个激灵，认真想了一想，抓住她的手腕肯定地说："是的，不用做……"说了一半却打住，拿出手机查看，确实是六月八日晚上，高考结束了！那些考前冲刺不用再做了。我复又点点头："千真万确！"

"那我真的没搞错啰？"她看看我，然后自言自语，"还可以慢慢享用美味。真不适应，我该怎么做啊？"

同桌几位家人都笑了起来："把心放在肚子里，就是了。"

席间，她几度站起来，胡乱望了望又坐下去，嘴里反反复复把上面的问题叨了又叨。一个慌里慌张的闲人如此逗趣，然而在我眼里，却透着一种辛酸。

为高考冲刺和努力是这三年的主旋律。当高考戛然而止，突然之间，好像总指挥用手势把曲子在空中一收，高高地举着，迟迟不肯落下。女儿的心被吊在嗓子眼，呼气和屏息都不顺畅，兴奋或放松皆不坦然。

"妈，不知道该做什么！真的，好像什么都可以做了，却不知道从哪儿下手！"第二天，她一边里里外外蹿着，一边喃喃地说。

"记得好久以前，你就幻想考试结束要做什么了。"我忍不住调侃。那是考前一个月左右，极度疲劳的她精神涣散了："我居然在想，考试结束去做些什么……"焦虑之际，她曾这样告诉我。

"是啊，考试前以为这一切都很美好，没想到考完却是这个光景。"她无可奈何。

面对突然多出来的时间，我也不知该如何差遣她。那上蹿下跳其实都是诚惶诚恐，让她做些不痛不痒的家务吧，她又心不在焉。我只好由着她，软着陆，还得自己慢慢来。

她拿着手机和同学网聊，吐槽神一样的高考，交换考后的体验，相互调侃。好像只有这样做，才能把情绪稍稍稳住。然而一不留神，刚稳住的情绪又激动起来。

瞧，这结束了的高考还在折磨人！

君子入庖厨

自从端午节在外婆的厨房造次，端出的河虾受到追捧，丫头终于把天性中吃货的另一个潜能释放出来。

她绾起长发，系上围裙，摩拳擦掌地左右开弓，在厨房摆开了道场。

我那半桶水的厨艺，拿出来指导菜鸟再合适不过。

故事从我们最爱吃的凉拌黄瓜开始。某人一手捉刀，面朝黄瓜思索着，问："现在怎么办？"

"切啊。"

"我是问，怎么切？"显然，我的反应慢了半拍。

切菜不就是手起刀落，嚓，嚓，嚓？我不屑地瞄她，发现她一副很认真的样子，赶紧上前，边示范边说："左手摁住黄瓜，右手这样握刀，刀面靠着左手，这样……"我一边说，一边偷偷回忆，这家伙，从小没进过厨房？

我像她这般大时，已经被父亲哄着成了煮饭老手，基础的手艺似乎没费力气专门来学。小时候，总馋猫似的盯着仅有的食物，母亲一进厨房，我便绕着锅台转，就算被发配去烧柴也没关系。待得久了，耳濡目染，不知不觉学会了煮饭。别说切菜，就是放油、加盐等技术活也是自学成才。再后来，掌勺就成了自然的事，并不需要特别的指导。

只有一次，在突然面对一只老母鸡的时候，我出现过这种捉刀不前、呆若木鸡的情况。

到了女儿这一代，一切都要特别去学了。她从小就扮演君子，远离庖厨——手上有足够的零食，还有小人书。再稍大些，成天盯着《还珠格格》看，没有时间关注厨房里的民生。

我尽管海阔天空地回忆，在岁月里穿梭了好几个来回，女儿的黄瓜还没切完。她一片一片盯着切下去，严格控制厚度和速度，有科学家的品质。我强耐住性子，慢慢地等。下一个环节，是加盐和蒜，拌匀。

示范了一下如何切土豆后，我就下楼去看新闻了。那个土豆是要切成丝状的……

当然，切菜只是一道门槛，迈过了，进步也就快了。点火、下油和加盐，一一示范之后，下一道菜的程序，以她的悟性，如法炮制并不困难。只是科学家的品质，讲究严谨和程序，于是我又等，等着第二道菜起锅，再去指点如何煮蛋汤。

第二天，我们的君子甚至"纡尊降贵"，跟我去了一趟菜市，然后早早地入了厨房。我也学聪明了,端着一本书远远地坐在餐厅,时不时解答一下,与烟火气保持着一定的距离。而她,坚定地投身在交响曲中。

当我上班顾不上她的时候,她便能买菜煮饭,饿不着自己了。

放榜时分

在考后综合征中摇摆了两天,丫头终于意识到这是一段堪可放松的假期。于是和同学谋划,如何精彩地打发。

她第一趟应邀出门,却是回古城和母校。接着兑现两年前的承诺,去太平,看望同学兼好朋友。后来是一连串的呼朋引伴,郊游、聚会、看热门电影。回到家就专心致志地追寻偶像,看综艺节目,托着手机整晚地看肥皂剧。一个有志青年十足的颓废形象如火如荼地诞生了。

貌似过着神仙般的日子,然而狂欢的表象下面隐隐地有种气体在膨胀,时不时产生一点压力。日子过起来就像甜丝丝一碗水中,被投进一撮盐,饮着饮着,不自觉要皱眉头。这盐就是高考分数。

女儿明确表示不估分,原因是估了没用,试题不靠谱,让人找不着准星,估低了吓自己,估高了空欢喜。于是继续混沌度日,在快乐中抗拒压抑,在压抑中寻找快乐。其实,一心一意等成绩才是这段生活的真相。

等待放榜的日子,有一种前途未卜的忐忑。

我告诉自己,高考已然结束,该把重心调整调整了。于是任她快乐逍遥，我则一心扑在工作上，即使放榜日也不例外。

女儿在家里守着电视等待公布分数线的时候，我正在忙我的事务。当消息变成一则腾讯新闻突然蹦到眼前时，我一个激灵——看见一个奇高的分数线，立即就悔青了肠子。这个时候不在她身边，让她孤单地承受折磨，应该算是一种失误。

我一而再地把事情看得简单、平淡了。

我忘了当年考职称查分时的慌张。那志在必得的两门考试，自然是铆足劲全力以赴的。然而电话录音不清晰，使我听了多遍也不敢相信，于是慌张了，跑去找好朋友陪着一起听。

分数线公布就可以查分数了。她把成绩表截成图片通过QQ发给我，一个让我把心从嗓子眼吞回肚子的成绩。正要欣慰，她却说："妈等等，也许不对。"然后就潜水了。

今年的分数线比往年整整高出一个档位。联想到考试的轻松，分数线的刀子太过锋利。即使当初估了分数，也料不到这样的结局，女儿是明智的。我一边想一边一头雾水地等，不知道发生了什么。一个小时过去，我决定亲自查分。然后问她，到底怎么了？她按捺地说："我一直在求证，有同学说，我查的网站可能不靠谱……"

我证实了，成绩很靠谱。不靠谱的是他们忐忑的心理。

晚上她与同学在学校相见。他们一边等待燃放烟花，一边热切地谈论着。这时有一句话飘进我的耳朵，再也挥之不去，女儿跟同学说："当时好紧张，真想有个人陪啊！"

我一阵自责：为什么不陪她？一件大事发生了，我却迷迷糊糊地让她独自承受巨大的煎熬，同时留给自己一个陪伴的豁口。

志愿（一）

由于少壮不努力，填志愿这事儿，此前一直没亲身体验。

对志愿的粗陋印象，来自20世纪80年代。那时，哥哥作为村里的第一个本科生，填志愿这事儿，是不用经过我的。于是我并不知道，当年的他是怎样完成这项大业的，而父亲在其中扮演了什么角色。我这个不懂事的娃，最初听到的"志愿"二字似乎带着火药味，也许父子俩正为此事闹着分歧。

哥哥上了理想中最不理想的师范学校，后来就做了极斯文的一个教书先生。通讯的极度落后，使他与理想中的军校失之交臂。他的命运，由老天注定。经历了女儿的志愿填报，我感觉哥哥当年填志愿一定是费了一番苦心的，否则被改变人生轨迹这事儿，不会成为父亲多年的遗憾，而哥哥的逆来顺受和绝口不提，好像正说明了什么。

当成绩公布，果然如我们所想，女儿取得了应得的成绩。没来得及开心，当她捧起志愿填报指南的时候，我看见她眉头紧锁。专业和学校的选择是残酷的，一个屁大的孩子，一心扑在学习上，对社会鲜有体验，对人生来不及思考，一时之间决定一生，怎能不踌躇呢？

学以致用总是真理吧。于是我问她："你喜欢什么工作？"

"不知道！我并不明白那些工作都做些什么？怎么知道喜欢或不喜欢？"她两手一摊。

我又犯了一个人人都爱犯的错误，觉得孩子到了这个年龄，应该能决定自己的人生了。而我像她这么大时，头脑里混沌一片，小时候被了不起的大人撩起的某种情结，随着年龄的增长，大都被现实冲淡了，遗忘了，后来随波逐流，把人生的路走成现在这个样子。其间，我并没做任何抉择。

然而我认为女儿能做抉择，把新一代想象得太强大了。

她从小想当医生、律师，所谓的救人还是救国张扬了好一阵子。随着时间的推移，这些理想和她的童年一样，消散在了岁月中。知道旧事重提很傻，我仍然试探："你曾经想过当医生和律师，都很不错的。"

"其实并没多大兴趣，说着玩呢。"她不想多费唇舌，于是直言不讳。看来从小树立人生理想，是正经八百的纸上谈兵，为了迎合假大空的成年人。

到了动真格的时候，没有人生理想就该抓狂了。当朋友说，这个时候最考验你这个母亲时，我还缓不过神来，要他给个说法："女儿的志愿，咋成了我的事？"

"高考是孩子的事，填志愿是家长的事——你必须当好参谋啊。别把一切都推给孩子！"他以一个过来人的身份，掷地有声。

我和女儿你望望我，我望望你，好像一对苦命鸳鸯。

志愿（二）

"要不，我学财会吧？"女儿终于下了个决心，还把目光锁定在本省的财经大学。

"你喜欢财会？"我有些惊讶，更有些受宠若惊。毕竟自己干着这行，于是默许了她的选择。

正如释重负，没想到不问世事的哥哥打来电话，反复叮嘱："一定要让孩子自己选专业和学校。她可以去任何一个地区的学校，不要限定她！是她去读书，不是你！你不要影响她……"

"……"忽然就百口莫辩。我在脑海里拼命检索，是不是误导过她？本地考生最喜欢的北上广，丫头倔强地表示不要去，这个专业也是她挑选出来的。一切皆按她的意愿，与我的专业重合，是纯粹的缘分呀，怎么就有了干扰的嫌疑？岂知，我不仅没误导，简直没有引导呢，朋友让我做好参谋，一直不知如何下手。

更意外的是，干了一辈子财务工作的外公，听说外孙女想学财会，非但不感动，劈头却问："为什么一家人都干同一个行当？这世上的专业海了去了……"我纳闷了，遥想当年，我进入这一行时，他老人家是多么欣慰啊，说总算后继有人了。如今怎么了，衣钵不需要传承了吗？

我只好去问女儿，为什么选这个专业。她说："其他的我不懂，只有财会是我知道的。"

知道，知道什么呢？知道外公和老妈都干着这行，而且没有闹饥荒？我突然明白了，世上为什么有那么多"世家"——杏林世家、教育世家和银行世家。原来都是这么来的？从小茶前饭后的耳濡目染，无形中植入的亲近感，像基因一样深入内心。面临选择的时候，"基因"咕咚一下就冒出了水面。

貌似有主见的选择透着天真，我似乎有点明白，外公为什么突然淡漠。不受干扰才是一种理性。正在疑惑的时候，一位好友的声讨也许道出了大家的心声："为了学财经，连省都不出了？不让孩子出去看看？人生有多少个四年啊？城市和母校对于一个人非常重要！"

于是我的脸红一阵白一阵地请她放开视野："毕竟，大家说的都有道理啊。不行咱把想去的城市，能进的重点大学再排一排，不要错过了……"我的语重心长来自深深的惶恐，仿佛一个好孩子立刻就要被我毁掉了。

不经一事不长一智。我们哪里见过这个阵势！

以女儿的愿望为主旨，掺杂多方意见的志愿终究是填报出去了。我们度过了既惶恐又沉重的一周。其中纠结的繁琐、繁琐的纠结，实在无法一一诉说。当我们把范围内的学校排序了又排序、把方案改了又改的时候，女儿的脸色沉了又沉，外加对专业填鸭似的解读，我知道，她在各种选择的经验和教训中，遭受的起伏和折磨超过了三年的总和。

怎么在如海的高校里选出一所这辈子受用不尽的母校，确实没有神启和天助。于是这一周所决定的未来，其实谁也说不清楚。

经过这番折腾，女儿做好了心理准备——不论到哪儿读书，还得靠不懈的努力啊。

仿佛只有这个，才是最好的答案。

迟到的明信片

七月中旬，送走连绵的雨水，天气说热就热了。公务也像天气突然就繁忙起来。这不，在外兜兜转转，回到单位，这个半天行将结束。

急匆匆走进办公室。我知道，桌上还堆着一沓资料，一堆足以耽搁我整个下午的事务。用余光瞥过去，键盘边多出了一张明信片。几枚醒目的鲜红色印戳，几行娟秀的手写文字，不似当年商务往来的格式卡片。

自从手机普及，我已经很多很多年没收到过它了。当年，朋友或业务交往，逢年过节相互寄张卡片聊表想念与问候，现在看来是件多么风雅并奢侈的事儿。明信片，显然也被时代更迭掉了。

这张明信片来自乌镇。女儿上周与同学前去旅游时为我寄出。现在她已远在千里之外，置身于大都市的繁华，气候也像转换了季节。姗姗来迟的明信片，在这个繁忙的夏日，带着一丝雨水的清凉，就这样贴心地来到我的面前。

明信片正面是乌镇栉比的民居，临水而建，高檐翘角，很古朴雅致，应是水乡最常见最经典的画面。细细的石柱撑起的砖木古屋，是家的最佳注脚，岁月和屋脚的流水一起，静静流淌。这张名为"岸"的风景，映照人聚人散的清愁。

乌镇是我向往的古镇之一。一直没能成行，皆因没有说走就走的率真。地理上不遥远，前往就不必绸缪，也不用下大决心，少了率真就成了真正的阻碍。女儿是够率真的，先是近距离出行，继而千里走单骑。这个将要离家求学的孩子，会跟我说些什么呢？

我愉悦地翻过明信片，品读写成诗行一样的语言。看到第一句，心就被触动了。待到读完，已是大为感动。一个大大咧咧的孩子给我这样的离别赠言：

"要去别的地方/舍不得你，知道你也舍不得我/我会努力，成为我想成为的自己/不让你担心/你也要好好的。"

洞察了我的牵挂和窘迫，这是她细致柔软的一面。此时她在远方，而她的字在我掌心，正如一场预演的别离。"你也要好好的"，淡淡的一句，在这繁忙的间隙令我湿了眼眶。我赶紧放下它，调出文档，假模假式地工作。

一种被关切的甜升上心头，所有的忙和累都变得温情。

一世长安

当高校录取分数线公布，便清楚自己将被哪所学校录取了。但录取通知尚在母腹，理论上存在变数，于是我们默默地等，等这个其实了然于胸的答案。

终于，录取信息出来了——女儿被古都西安的一所高校录取了。

当一切想象被现实刨去，旅行在外的女儿有些沉重。自己千挑万选的地方，对自己意味着什么，其实根本说不清楚；那个新鲜的专业，到底都学些什么，也没有完整的概念。

我隐约感到她的不安。可以说，经过漫长煎熬等来的结果并不坏，我却和她一样，没有丝毫轻松和欣慰。这个陌生的地方从此与我血肉相连，我将会无数次念叨它，一而再地向往它，它将对我们产生怎样的影响呢？虽然填报志愿时，她把目标定在较远的城市是我默许的，如今确定了，好像冥冥中突然伸出一只巨手，把我们分别扔向天南地北。

缓过神才发现，与这样一个古都结缘值得庆幸。这个十三朝京师，是世界四大古都之一，还是中华文化的发祥地。我们无法想象，没有它我们的历史会是什么样子。古典文学里，若是没了长安将会怎样苍白？没有它，那些绮丽的、铿锵的以及惆怅的诗句，将会被怎样平庸的句子替代？

这诗的长安、秦汉的长安、盛唐的长安，其实让人无法抗拒。

西安还是我第一个生出向往的地方。儿时，神勇的大表哥在那里服兵役，当他从西安寄来一张黑白军装照时，我开始向往那里。那是小小的我知道的最遥远最神秘的地方。再后来，听说那里有传奇的兵马俑。

女儿将频繁地出入西安，这令我垂涎。

她的世界是广阔的。仅大学四年而言，她可以一边学习，一边利用四年的光阴，好好品味古都的历史和文化，体会迥然不同的风土人情和地缘特色。这个起点已然不低。八百里秦川是浩瀚的时光之河，只要去融入、去感受，三千年修城、一千年帝都所积淀的历史和文明，便是为她而设了。

第二天，蓦然看见女儿更新的QQ签名——一世长安，便觉十分欣慰。"长安"这两个字，不论取自庙堂长治久安的期许，还是百姓长乐安宁的盼头，都赋予了内在的从容和安稳。

是的，我们都要安下心。

归 来

一切尘埃落定，该收拾收拾心绪，面对新生活了。

离开三年，只是弹指一挥，完全不似当年恐惧的漫漫时光。岁月日渐缩水，让人不禁留恋，留恋那些青涩的惶恐和煎熬、那份从容的富足与沉湎。留恋之余，再不敢轻率面对现今的每一个日子。

一天一天挨着过的日子，即使贫穷也是富足的。

短暂三年中，那种唯有对新鲜的异地才能生发的赞赏与关注，彻底改良了我作为一个城市人浮躁、轻狂的品性。在那之前，我和大多数朋友一样，把自己长期设置成机械模式——对付三餐、应酬工作和应酬人群，高效地运转着，急剧地奔走着，诚惶诚恐地投身名利场。我是我生活的城市中一个匆匆的路人。

问政山的晚风与寂静，显然具有过滤杂质的功用。它四季不同的呈现与轮回，它的活力和清幽，给了生活于斯的人们淡然笃定的气质。而古城老派的繁华也有一种从容的风度。这里的一切是朴素的，这座城池从岁月中自然生长出来。

出于感激，我在这里养成了一种习惯，凡事凡物喜欢盯着看，变得爱琢磨和感动，滋生出一种浓烈的对安宁、质朴和沧桑的偏爱。于是这个寂静的世界呼啦一下敞开了大门，让我走进去，去徜徉、去聆听、去抚摸，去无所事事。由此我才知道，当我们浮光掠影，其实是一种自我封闭，无形的铠甲将我们与本真世界隔离。

去的时候，因为被世界的"大"所左右，我的世界很小。当我从歙县古城回到屯溪，那些原以为在异处才有的投注，被原封不动带了回来。我的琢磨反馈给了我丰厚的发现。可以说，因为关注细微，我的世界变得广大。

这市府所在地，是秩序和工整的现代都市，与古城的自然性形成鲜明对比。进入市区的路口有着永不凋谢的鲜花，层层叠叠，明艳动人。我回家的路，途经两个这样的门户。令人赏心悦目的繁花、被修剪成蘑菇状的柏树和冬青、绒毯一般的绿地，人工林与山峦相接，自然而然，层次分明，完全没有丝毫造作和戒备。

高耸的楼房如雨后春笋般直往天上蹿，比三年前更加密致庞大了。宽敞油黑的道路上车流不息，清晰的黄白线，一连串的红绿灯，作为规则与秩序封锁一切纷乱。过境公路上，中间一道长长的栏杆，把一条道上行走的人们划为两大阵营，由于人口更为密集，规矩和约束在这里显得格外重要。

街市上流光溢彩，拥有更多的金属质感。人们行动匆忙，当我汇入这样的人流，脚步会不由得加快，这城市会拉着你向前奔跑。商铺规模庞大，装潢考究，街面装饰和门店招牌都前卫大气。这里的老街也更加时尚优雅。这个繁荣靓丽的城市，这个时代与经济推动的城市，这个紧跟天下大势的城市，洁如明镜。这里的现代性和变化性，古城无法比拟。

突然之间看懂了这些城市语言，明白自己与现代都市其实并不遥远。我想在这里，我同样能够自由自在地呼吸、生存，很好地生活。我从一个相对缓慢的、厚重的、谦逊的所在，投身于一个讲求速度与效益的地方，可以自然切换，使我相信，那么每一个角落都能安放我了。

我甚至不再对"人工"和"人力"耿耿于怀，我的世界果然大了起来。

这屯溪，是我要开始生活与书写的地方。我将会有大量的故事在这里发生。我的经验告诉我，一旦投注心力，人群、草木、昆虫甚至河流与空气，都将变得友善，当你拥抱它们时，它们同样会敞开胸怀接纳你。一切都将变得温婉、亲切和舒畅。

这是一场真正的归来。在这里继续的生活，将是完整的新生活。

千里大西北

从皖南到大西北，女儿未来四年的求学路程，是名副其实的千里之遥。

并没有想象中的"儿行千里母担忧"，我想这是神经大条带给我的福气。那个遥远的古都会是什么样子？因为有着一份久远的情结，母女俩结伴前去是无须商量的共识。像女儿说的，我也该出去旅行一次了。

我们一边打点行装，一边雀跃地等待日子的临近。

陪同孩子去大学报到，从外在形式看，我与许多无微不至的母亲是一样的。我在内心比较了一下，我的陪同只是陪伴的延续，多几天相守。女儿自理能力强,并不需要我包办什么。只是从前我不能想象,西安这个我此生必定要去一次的地方,是女儿创造的机会,给了我如此特殊的理由。

连同闺密母女,我们一行四个人,提前一个星期就出发了。

祖祖辈辈居于秀气婉约的新安江流域,当黄河流域的粗犷与雄浑呈现在眼前时,我们激动不已。如果把粉墙黛瓦、山峦连绵与河流清缓的徽州喻为小家碧玉,那么黄土高坡、苍莽大壑,加上汹涌澎湃的黄河,大西北则堪称强壮的汉子了。

西安一带有丰富的古迹。当我们领略过兵马俑、乾陵,参拜过法门寺,参观了革命圣地延安,终于要前往壶口瀑布时,我发现离分别只剩两天了。

这天上车时,我示意女儿坐到我身边来。闺密的小女孩发现了,便拽着要姐姐与她同坐,前几天她俩始终是腻在一起的。女儿一边婉言推辞,一边于心不忍地望着我。我左顾右盼,假装没有看见。

最后关头,我作为母亲最自私的一面终于暴露了出来。一整天我们都形影不离。被疏离的小女孩不懂其中的微妙,茫然地陪着小心。但愿将来的某一天,她能谅解我的私心。

晚上,我们被安顿在壶口一带的山顶住宿。远远地还能听到母亲河的咆哮。夜深了,当大家都沉沉睡去,我开始辗转反侧。时不时有巨大的声响碾过耳际,山梁公路上大卡车奔跑的声音,家犬一阵阵的狂吠,山风在呼啸。听到女儿均匀的呼吸声,我又很快断定,这里的夜晚其实是寂静的。然而内心止不住如黄河一样,一阵阵波涛汹涌。

凌晨三点钟了,我打开手机备忘录,写下一首诗。其中几句是这样的:
见到黄河,我终于知道,
母亲就是打开胸腔,

给你水，给你盐粒，给你泥土，

送你远走他乡的人。

她不言不语，

却独自在山岭中咆哮、狂走，万马奔腾。

写着写着，泪水就打湿了枕头。我的大西北之行，无论之前有多么期待、欣喜和欢乐，都只是这一刻的铺垫。这个夜晚，我又承受了一次分娩的撕扯和剥离。

等到天光大亮，我气定神闲地走出旅社。面对起伏的群山，望着两个女孩肩并肩灵巧的背影，我知道，我又收获了一次非同寻常的成长。

镜　子

我们用一周的时间相伴旅行，最后我从西安返回。回来后，每天清晨出门上班，星夜返家，吃过晚饭便铺开字帖和纸写大字，一小时后看书。一大堆没来得及看的书，成了我的心腹之患。

不知不觉，一周就晃过去了。我的家成了半个月未曾打扫的家。

今天是周六。在早晨的阳光下，看见家具已经蒙上一层轻烟般的灰尘，于是义无反顾地撸起衣袖，打扫卫生。

在楼上的卫生间清洗拖把时，为摘掉一根长长的头发，我把它举起来。秋天是落发的季节，我的头发本就根基不稳，我叹惜着。一不留神，拖把抬得过高,"砰"一声戳到了天花板。赶忙抬头察看,却愣在那里。

乳白色的天花板,已经变成橙黄。

它什么时候换了面目,我浑然不知。忽然想念女儿。以往的这个时候,我就会问她:"顶板黄成这样,你发现了吗?"变了色的天花板,看起来刺眼,不和谐。"你一定没有发现!"如果她在,我还会得意地说出这句。

然而她不在,我只能默念一遍。内心一婉转,便生出一丝戚戚然。人是多么天真,总说岁月无痕,无痕,只是没有察觉罢了。岁月一直在改变一切。

一鼓作气左右开弓的我,被这个念头击中。女儿在那么遥远的地方,无法分享我的发现,同样地,也不能分担我的感触。

因为更阴凉,楼下卫生间的天花板仍然是乳白色的,是楼上天花板的一面镜子。

楼上的天花板老了,它隐喻了我。

不光是天花板,橱柜、桌椅,甚至地板和墙面都是我的镜子。

我青春的宝贝女儿也是我的镜子。

伙 伴

周末是一个星期的结束,也是下个星期的开始。我一趟一趟地忙里忙外,想要给下周一份更舒适的生活。

当我第一次迈出阳台，准备晾衣服的时候，一只小小的蜘蛛正经过我阳台的大门。我趁势一脚踏上去，就结束了它的性命，镇定自若地做了它的上帝，对它生杀予夺。我窃喜自己顺便消灭了一个可能爬进家，然后在某处结网有碍观瞻，最后老死成为一粒灰尘需要我大费周章去打扫的家伙。

没有别的，我只是一个极端自私的主妇。

当我第二次去阳台，两只小蚂蚁在那里交头接耳。我提起一脚。它们极有可能摸进家，偷吃我的食物、开垦墙脚或花盆中的泥土——总之会给我添乱。我提起的脚在空中顿了顿，最后落在它们身边，霎时间我改变了主意。

它们是和我一起，活在这里的生命。

我恬恬适适在这里生活，却对它们暴力相向。我在内心谴责自己卑劣的两面性。只有人类，一边拼命地追求文明倡议慈悲，一边又保持着残暴的本性。这些弱小的生命，是这个世界的合法居民，在它们远未冒犯我们时就出手杀戮，极其凶残。

我不要做高高在上的孤家寡人，我需要伙伴。

人类也是，再强大也无法独自存活。

当我想到这里，我的伙伴多了起来。我种的花草，花草中栖身的昆虫和蜗牛，花草吸引来的蝴蝶、蜜蜂和鸟雀，都是我的伙伴。还有许许多多无处不在的小生命。甚至，天边吹来的风，顺势飘来的雨水，都是我的伙伴。

看，当女儿远去求学，我在冰冷的水泥森林，伙伴也是可观的。

写在最后

我是一个谨小慎微的母亲。

不可否认,我是带着疑问进入陪读大军的。陪读的是非曲直无法辨识,于是惶恐、迷惘,害怕中了社会风气的流毒。我最初拿起笔,就是为了倾诉,倾诉迷茫与困惑。

陪读的第一年,在抗拒、怀疑、忍让和揣摩中度过。寓居的两个人,在异常简洁的、不便利的生活中,彼此重新审视,寻找最合适的距离,最终我们消除了疑虑。通过交流和分享,我们选择了友爱与信任,枯燥的生活才逐渐鲜活、充实,以至丰饶。

通过陪读,我们进入彼此关照的黄金期。我也更加清楚,自己在生活中应该是一个什么样的角色。

很庆幸选择了陪读,可以在异地与孩子重新认识,平等相处。更庆幸,在陪读中选择了文字,它是我的陪读生活,更是陪读生活的见证。

更欣慰的是,通过三年的切身感受,终于看清了陪读的真实面目。

陪读，这个老调重弹的话题，并不是一无是处。假如它有千般忧患万般不妥，一定是人的因素，症结在于彼此的相处。要知道，这个阶段的孩子已经具备了一定的见识、胆略和思维能力，心理也趋于稳定和成熟，如果家长不再粗暴与强势，而孩子又愿意放下戒备，沟通是很容易达成的。再假如，双方能目标一致地结伴成长，我们便能看到其中巨大的进步空间了。

　　我们都希望孩子保持一份天真和烂漫，有向往优秀的热情和勇气，注重内涵和精神层面。具体到高考，需要良好的学习热情和效率，这是他们终生受用的宝贵能力，正好借助高考的过程来夯实。所以关于陪读，我想再说几句。

　　成长比成绩更重要。

　　播下学习的种子，培养下一代阅读、思考和探究的习惯，远比对付高考来得重要。有了终生学习的能力，才能保证有源源不断的清泉来浇灌和洗涤心灵，保持思想清明、思维活跃，形成积极乐观、从容笃定的良好品格。天长日久，他们自然更有教养，更加谦逊，更有担当，有勇气做一个厚道且坚持原则的人。如果把学习的目的只限定在考高分、好就业和拿高薪，那么它是功利的，学习和进步都不能长久持续。功利心还使人很难形成大胸襟和大格局，不利于个人、家庭和所在群体的修养和内涵的提升。

　　毕竟，除了少数贫困家庭，我们已经生活无虞了。重视下一代精神层面的建设，正是时候。

　　而多年来饱受争议的高考也有着积极的一面。

我们与其人云亦云地去指摘高考的弊端，不如多多体会它的好处。我们要承认，应对这场考试是十八岁少年应该有的能力，更是十八岁年龄能够承受的挑战。试想漫漫人生，有多少知识需要他们去学习？多少挑战青面獠牙地等着他们？除了有其他明确志向的孩子，高考制度让大多数孩子投身到这场征战，使多少漫不经心的孩子变得执着和投入，在恰当的年纪做一番恰当的挖掘和磨炼？当他们拥有了终身受用的学习能力和不屈不挠的韧性，才有更大的胜算化解后期高考录取的弊端和人才市场的竞争，才能够从容面对风起云涌的人生。不仅如此，还能够更加自信地坚持梦想，拥有追求卓越的热情和勇气。

往大了说，只有善于学习的民族才可能进步无止境，只有不屈不挠的民族才可能成为强族，有梦想的民族才可能具有更深的精神内涵。对孩子而言，高考有着里程碑式的意义；对祖国而言，高考从制度方面保障了人才的源源不断。

我陪读的这所县城中学，与这座县城一样历史悠久、自然朴素。老师踏实敬业，孩子内心笃实。女儿一直在突破自己，而我利用陪读坚持阅读和写作，亦在突破自己。

徽州这个地方，众所周知，文化显明而厚重。而这座县城是古徽州政治、经济和文化的中心，民风淳朴，人文厚积。由于文字表达的局限，本书只涉及了读书、生活及有关浅近的思索，没有深入到区域性的文化层面，不能不引为憾事。

比如我每天穿行的河西、古关一带，有栉比的砚雕馆，这里砚雕艺术精湛。文中提到的西干山，清初四画僧之一的弘仁就长眠于此。黄宾虹、陶行知纪念馆，我时常与它们擦肩而过。近在咫尺的渔梁坝，居住着我的老师止庵，当代传统文人画的承继者、新安画坛当下的标杆。与他隔河相望的紫阳山，是宋代大儒朱熹之父读书的地方，而紫阳书院则是为纪念朱熹来徽州讲学所建。这是一个充满灵气的地方，历史上诸多文坛名宿、艺术大家在这里留下身影与佳话……

然而我只能，将亦步亦趋的陪读感受呈献给大家。

2015年6月余昧于黄山

图书在版编目（CIP）数据

成长比成绩更重要：一位母亲的高考陪读笔记 / 余昧著. —哈尔滨：哈尔滨出版社，2018.5
ISBN 978-7-5484-3815-1

Ⅰ.①成… Ⅱ.①余… Ⅲ.①家庭教育 Ⅳ.①G78

中国版本图书馆CIP数据核字（2017）第310533号

书　　名：成长比成绩更重要——一位母亲的高考陪读笔记
作　　者：余　昧　著
责任编辑：尹　君　滕　达
责任审校：李　战
版式设计：艺琳设计
封面设计：飞鸟装帧设计

出版发行：哈尔滨出版社（Harbin Publishing House）
社　　址：哈尔滨市松北区世坤路 738 号 9 号楼　邮编：150028
经　　销：全国新华书店
印　　刷：三河市兴达印务有限公司
网　　址：www.hrbcbs.com　　www.mifengniao.com
E-mail：hrbcbs@yeah.net
编辑版权热线：（0451）87900271　87900272
销售热线：（0451）87900202　87900203
邮购热线：4006900345　（0451）87900256
开　　本：710mm×1000mm　1/16　印张：17　字数：250千字
版　　次：2018 年 5 月第 1 版
印　　次：2018 年 5 月第 1 次印刷
书　　号：ISBN 978-7-5484-3815-1
定　　价：45.00 元

凡购本社图书发现印装错误，请与本社印制部联系调换。服务热线：（0451）87900278